Liebe Leserin, lieber Leser,

folgen Sie uns in die Steiermark, sie werden ein anderes Österreich entdecken. Abgeschirmt durch waldgrüne Berge. Weniger lieblich als die westlichen Bundesländer, eher kantig, aber von ungeschminkter Herzlichkeit.

Zwischen Dachsteingletscher und Südsteirischer Weinstraße öffnet sich eine Region von beeindruckender Vielfalt. Da sind das Hochgebirge und die Seen des Ausseer Landes – ein idyllisches Wintermärchen, „in dem die Stille zu hören ist“, wie MERIAN-Autorin Ursula Harbrecht schreibt. Lassen Sie sich an die Stromschnellen der Enns und der Salza entführen – und an die Mur, die fast das ganze Land durchfließt. Es gibt einige hundert Gipfel mit Höhen zwischen 2000 und 3000 Metern. Anlass für den berühmten Grazer Extrembergsteiger Robert Schauer, sich in MERIAN Gedanken über die Faszination und die Grenzen des Kletterns zu machen.

Altausseer See im Steirischen Salzkammergut: Über allem thront der Dachstein

Auch wenn Sie sich von Almblick und Gebirgspanoramen nur schwer trennen können – besuchen Sie auf jeden Fall Graz. Die Landeshauptstadt schwelgt in Barock, Renaissance und alter k.u.k.-Herrlichkeit, setzt jedoch auch neue Akzente: mit avantgardistischer Architektur und einem beispiellosen High-Tech-Verbund, der die Fertigung kompletter Serien von Allrad-Autos in die Steiermark geholt hat.

Von Graz kommen Sie rasch ins Rebland. Fahren Sie die Weinstraßen entlang, kehren Sie ein in Buschenschänken und Gasthöfen, genießen Sie Schilcher und Zweigelt sowie die bodenständige, kreative Küche. Ihre Spezialität ist das Kürbiskernöl – eine kulinarische Offenbarung. Die Herbsttage sind hier die schönsten. Sie tauchen das Weinland in ein mildes Licht, und überall spüren Sie einen bereits mediterranen Hauch.

Ihr

HOLGER SCHNITGERHANS

Sieben Gründe, warum Sie „nein“ sagen dürfen.

1. **Einen Picasso würde man auch nicht verleihen.** Und der BMW M3 ist nicht nur ein Bild von einem Sportwagen, sondern allerfeinste Automobilbaukunst. Herzstück ist sein Triebwerk, das in puncto Leistung eine neue Epoche einläutet – der höchstdrehende Serien-Sechszylinder der Welt. Inspiriert von dieser Dynamik haben Ingenieure und Designer Elemente entwickelt, die höchsten ästhetischen Ansprüchen gerecht werden. So ein Meisterstück verleiht man vielleicht in 100 Jahren. An eine Sammlung.

2. **Im Motorsport braucht man auch eine Lizenz.** 7.900 U/min, die 252 kW (343 PS) entwickeln, sind nicht jedermanns Sache. Sondern eine echte Herausforderung. Bei Höchstdrehzahl erreichen die Kolben eine Geschwindigkeit, wie man sie bisher nur in der Formel 1 kennt: 25 m/sec. Solch ein Triebwerk begnügt sich nicht mit irgendeinem Fahrwerk. Das im Rennsport erfolgreiche M Sportfahrwerk wurde durch neue Geometrie und noch größere Spurweite optimiert. Für eine bis dahin noch nie erlebte Direktheit im Fahrverhalten.

3. **Kein Jockey lässt einen anderen auf sein Pferd.** Und genauso gilt für die Pferdestärken im BMW M3: Man muss sich erst mit ihnen vertraut machen. Gibt man ihnen den richtigen Impuls, beschleunigen sie das Automobil in 5,2 Sekunden aus dem Stand auf 100 km/h. Auch die Bremsleistung sollte erst behutsam erfühlt werden: Vier hitzeelastische, gelochte Compound-Bremsscheiben sorgen dafür, dass der BMW M3 wenn nötig schneller steht, als man staunen kann: von 100 auf 0 km/h in 2,6 sec.

4.

Die Alpen sind doch viel zu weit weg. Und eigentlich kann man erst dort die revolutionären Vorzüge der variablen M Differenzialsperre richtig erfahren. Sie ist feinfühliger und effektiver als alles, was man bisher zwischen Antriebsrädern finden konnte. Verliert ein Rad auf rutschiger Fahrbahn, Schnee oder Eis den Grip, wird die gesamte Kraft erstmals bis zu 100% auf das andere Rad verlagert. Das Ergebnis: ungeahnte Traktion beim Anfahren und beim sportlichen Kurvenfahren.

5.

Ein Pilot überlässt niemandem sein Cockpit. Und auch im BMW M3 sollten Sie wissen, welches technische Highlight sich hinter welchem Knopf verbirgt. Zum Beispiel die Taste „Sport“: Sie steuert die Elektronische Drosselklappenregelung (EDR) und lässt den Motor noch besser „am Gas hängen“. Und mit der „DSC“-Taste entscheiden Sie, ob die Dynamische Stabilitätskontrolle eingreifen soll. Oder ob Sie lieber alles selbst im Griff haben möchten.

6.

Ein perfekter Maßanzug passt keinem Zweiten. Der BMW M3 ist kein Automobil zum Reinsetzen und Losfahren. Sondern eins, das erst einmal seinem Fahrer angepasst wird. Die luxuriösen Sportsitze wurden ergonomisch optimiert. Sie lassen sich von der Rückenlehne über die Seitenpolsterung bis hin zur Sitztiefe individuell einstellen. Genauso wie das multifunktionale Sportlenkrad. Und individuell heißt: exakt für Ihre Größe, Ihr Gewicht und Ihr Fahrgefühl – und für sonst keinen.

7.

Wer dieses Lenkrad hält, den lässt es nicht mehr los. Wer einmal Gelegenheit hat, einen BMW M3 zu fahren, will ihn sehr wahrscheinlich immer fahren. Und wird Sie morgen schon wieder fragen. Und übermorgen wieder. Verständlich also, dass hier auch der beste Freund auf den Beifahrersitz verwiesen wird. Aber vielleicht führt die Fahrt ja zum BMW Partner. Dem vermutlich einzigen Menschen, der andere mit seinem BMW M3 fahren lässt.

INHALT STEIERMARK

52 Holzern: In der obersteirischen Region Murau dreht sich alles um die Waldwirtschaft

Titel: Den Gebirgsgartenzauber fotografierte Gregor Lengler an der Gleinalpe

MERIAN SERVICE Text: Christa Kropatsch

Die Koordinaten hinter den **MERIAN**-Adressen verweisen auf die Planquadrate der großen **MERIAN**-Karte

Die Grazer Schule der Architektur entwickelte sich in den achtziger Jahren. Sie ist experimentell, innovativ und gestaltungsfreudig und vertritt im Übrigen weder Stil noch Ideologie

Architek-Tour

Transparenz und Eleganz

Wie futuristische Flugkörper präsentieren sich die Gewächshäuser des Botanischen Instituts der Universität Graz. Die parabolisch gebogenen Glasdächer von Volker Giencke bilden Gehäuse und Abdeckung zugleich – mehr Lichteinfall ist nicht zu erzielen. Die gewölbten Acrylglaselemente heben den üblichen Glashauscharakter völlig auf. In die Streben der Aluminium-Tragkonstruktion sind die Heizungsrohre integriert, ein Kühlungssystem erzeugt feinen Nebel, und zur Lüftung werden einzelne Segmente geöffnet

Schwestern-Haube

Die Mensa der Schulschwestern in Graz-Eggenberg wirkt archaisch, ist Skulptur und beschützende Haube zugleich. Die Architekten Günther Domenig, Gründer und Hauptvertreter der Grazer Schule, und Eilfried Huth ließen Spritzbeton auf ein Stahlgitterwerk auftragen. Das „Rückgrat" wird durch Lichtkuppeln markiert, und deshalb ist das Mehrzweckgebäude trotz der höhlenartigen Anmutung von leichter und vitaler Ausstrahlung

Fast jedes Haus ist Burg oder Schloss: Grazer Bau-Avantgarde

Lift zum Licht

Er verbindet kühle Ästhetik mit Funktionalität und erspart dem Schlossbergbesucher 260 Treppenstufen. Nach 30 Sekunden hat der neue Fahrstuhl im Berg 75 Höhenmeter durchmessen und entlässt seine Fahrgäste neben dem Uhrturm. 6000 Kubikmeter Dolomitgestein mussten für den spektakulären Grazer Schacht abgeräumt werden. Exkursionen zu den Bauten neuer Architektur: Fremdenführerclub für Graz und die Steiermark, Tel. (0316) 586720, Fax 575310, E-Mail: graz-guides@utanet.at

Bücher
CDs
Videos
DVDs
HEUER & SACHSE
„Wenn ich beim nächsten Bücherkauf was erleben will, geh ich zu bol.de!“
Millionen Titel, Leseproben und Rezensionen machen Bücherkaufen bei uns spannender.
My Entertainer
bol.de™

Bodenschätze

Thermalwasser, Salz und Erz sind die untergründigen Attraktionen der Steiermark. Sie bieten Erlebnisse und Genüsse

Theater im Untergrund

Die Kulisse ist einmalig: Jährlich im Sommer verwandelt sich der Salzberg in Altaussee in ein unterirdisches Amphitheater mit dem See als Bühne. Seit 1992 studiert der gebürtige Altausseer Klaus Maria Brandauer mit Schülern des Max-Reinhardt-Seminars in Wien „Das Spiel im Berg" von Felix Mitterer ein. Das Theaterstück, speziell für diesen Ort geschrieben, wird an wenigen Abendterminen im August aufgeführt. Auskünfte über Termine: Tourismusverband Salzkammergut-Ausseer Land, Bad Aussee, Telefon (036 22) 540 40, Website: www.salzkammergut.com **C2**

Die heißen Fünf

Im Südosten der Steiermark kocht und brodelt es unter der Erde. Gesucht wurde nach Erdgas, gefunden hat man heiße Quellen. Vulkanische Gesteine reichern das Thermalwasser an und verleihen ihm heilende Wirkung. Gesundheit, Vitalität, Wohlbefinden, Schönheit und Freizeitspaß versprechen die fünf Bäder Bad Waltersdorf, Bad Blumau **M4**, Loipersdorf **M5**, Bad Gleichenau **L5/6** und Bad Radkersburg **M6**. Die modernsten und meistbesuchten Thermenbäder Österreichs haben sich inzwischen auch international einen Namen gemacht **C6**

Berg aus Eisen

Land-Art in Goldtönen: Das Pyramiden-Panorama des Erzbergs mit seinen Stufen und Terrassen ist ein beeindruckendes Zeugnis der einst florierenden steirischen Montan-Industrie. Der Untertage-Abbau von Erz wurde längst eingestellt, über die Etagen transportiert „Hauly", ein 860 PS starker Schwerlaster, heute mühelos Touristen aufwärts, wo sich ein wunderbarer Blick über die Eisenerzer Alpen auftut. Aber es geht auch nach unten: etwa 1500 Meter tief in das Schaubergwerk. Hier können Besucher auf einem knapp einen Kilometer langen Rundweg (warm anziehen, Minustemperaturen!) viel über den Bergbau erfahren. Infos: Steirische Eisenstraße, Freiheitsplatz 1, Eisenerz, Telefon (038 48) 36 00 und Fax 40 18 **G/H 2**

Steinreichtum

Das Höhlensystem der Lurgrotte nördlich von Graz birgt die meisten Tropfsteine Österreichs und den größten frei hängenden Stalagtiten der Welt. Der Zugang in das märchenhaft beleuchtete Labyrinth mit seinen steinzeitlichen Funden ist von Peggau und Semriach aus möglich **I4**

BLAUPUNKT
PARKSTRASSE
10:45h
35km
EUROPE 1
TravelPilot
RNS 150
Mit präziser
Zielführung im
Radioformat
OK
Es gibt eine bessere Navigationshilfe.
www.blaupunkt.de
BLAUPUNKT
Der Pluspunkt im Auto

Filz-Klassiker: der „Steimoara Huat". Pure Handarbeit: Eine Naturdistelbürste raut die gewalkte Wolle auf

Erstaunlich, wie die Steirer der Tracht die Treue halten. Doch bei aller Tradition passen sich Loden, Filz und Dirndl ganz dezent der Mode an

Lob dem Loden

Für Wanderer und Wilderer

Loden ist die zweite Haut des Alpenländlers. Der tannen- oder moosgrüne Walkstoff aus Schafwolle schützt die Bergbewohner seit Urzeiten gegen Kälte, Wind, Regen und übermäßige Modelaunen. Einer der ältesten Lodenhersteller Österreichs ist „Lodenwalker", seit 1434 in der wildromantischen Rössing-Schlucht der Ramsau zu Hause und inzwischen in sechster Generation im Besitz der Steiners. Diese alteingesessene steirische Familie hat die berühmten Bergsteiger Franz und Georg Steiner hervorgebracht, denen als erste die direkte Durchsteigung der Dachstein-Südwand gelang. Bis vor 200 Jahren wurden im „Lodenwalker" die Wollgewebe aus heimischer Schafwolle ausschließlich gewalkt – in warmem Wasser von schweren Holzhämmern so lange malträtiert, bis sie um die Hälfte geschrumpft und die Wollhaare so verfilzt waren, dass weder Wasser noch Wind durchs Gewebe gelangten. Der Betrieb produziert seinen Loden vom Garn bis zum fertigen Stoff und zum Teil nach uralten Methoden. So werden noch immer alle Stoffe mit Hilfe von Naturdiesteln aufgeraut und an der Luft getrocknet. Ein Lohnbetrieb schneidert daraus Mäntel, Kostüme, Anzüge und Joppen. Eine Spezialität ist Schladminger Perlloden, nicht nur wetterfest, sondern auch „so gut wie kugelsicher, also ideal für Wilderer und Bürgermeister", scherzt Richard Steiner junior. Alle Artikel, vom Garn bis zum „Wetterfleck", dem Cape, sind nur am Entstehungsort zu kaufen. Der Loden-Laden ist zum beliebten Ausflugsziel in der Obersteiermark geworden. Lodenwalker, Rössing 122, Ramsau am Dachstein, Tel. (03687) 81930, Fax 81406; Geschäft und Gaststätte Mo-Fr 8-18, Sa 8-13 Uhr; Betrieb: Mo-Do 8-12 und 13 bis 17 Uhr, Fr 8-11 Uhr C3

Ein Evergreen in orange: der Lodenstoff, hier noch in Bahnen

Der Ur-Stoff aller Loden: naturfarbenes Schafwoll-Garn

SIE
IHR PORTEMONNAIE
Alle 23 Sekunden wird ein deutscher Urlauber im Ausland Opfer eines Diebstahls. American Express Travelers Cheques werden bei Diebstahl oder Verlust ersetzt. Weltweit. In der Regel binnen 24 Stunden. Bargeld nicht.
US$100
Don't leave home without them.
AMERICAN EXPRESS
Travelers Cheques

Ein Land für alle Jahres-zeiten

Südliche Sonne und ewige Eiszeit – die Steiermark vereint, was Österreich zu bieten hat: liebliche Hügel und sanfte Täler, abgrundtiefe Bergseen und schwindelerregende Gletscher

Text: Michael Frank, Fotos: Gregor Lengler

Versunken in den Zauber der Wasser- und Bergwelt. Still ruht der Grundlsee – bis der Ausflugsdampfer kommt

Drei Almsommer lang sind die Koppeln von Piber die Spielwiese der Lipizzaner. Dann fängt der Unterricht an – in der Hofreitschule in Wien

Die ältesten Fresken der Steiermark überziehen die Gewölbe und Wände der Johanniskapelle in Pürgg. Sie sind mehr als 800 Jahre alt

Die Ramsau, eine Parklandschaft, bezaubert zu jeder Jahreszeit. Am Fuß des Dachsteins, oberhalb des Ennstals gelegen, wirkt das Hochplateau wie ein einziger großer Garten

Wie eine Bastion präsentiert sich der Rathausturm von Bad Radkersburg. Die kleine Grenzstadt im Südosten hat eine neue Rolle als Kurort gefunden

Steirische Cafés und Konditoreien laden ein. Ein Großer Brauner, ein Kleiner Schwarzer, Nusskipferl, Topfenstrudel, Marillentorte – und alles von erlesenem Geschmack

Der Kerl in der Kugel war ganz das Gegenteil des Draufgängers und doch ein Held: Gegen Entgelt drehte er mit der schweren Maschine seine Runden in einem winzigen eisernen Globus von fünf Metern Durchmesser. Er drehte die Runden mit der Bedächtigkeit des Bauern und der Präzision des Buchhalters. Sonst hätte er die Jahre auf den unzähligen Volksfesten nicht überlebt. Sein größter Triumph war es, als Motorradartist bis aufs Münchner Oktoberfest vorgedrungen zu sein. Was für ein Aufstieg für einen steirischen Bauernburschen.

Der Kerl in der Kugel, blond, gedrungen, wortkarg, schüchtern und doch zielbewusst, hatte Brüder, die keine waren. Auf dem väterlichen Hof im kargen Oberland bei Pöllau gab es zwei Pflegekinder. Die hatte man aufgenommen, weil sie die schmalen Einkünfte des bescheidenen Anwesens durch das staatliche Erziehungsgeld aufbessern halfen. Man hatte sie wohl auch aufgenommen, weil ihr elternloses Schicksal die Hofleute dauerte. Sie schliefen über dem Stall, und folgten sie nicht dem Willen des Bauern, schlug der in kalter Wut mit dem Ochsenziehmer nach den „fremden" Kindern, was bei seinem eigenen Buben nie vorkam. Aber es gab Augenblicke, da mochte man glauben, der Bauer liebe diese „fremden" wie sein eigenes.

Der Hof war keine Ausnahme. Pflegekinder zu haben, war immer schon humane Tradition in der Steiermark und ein starker Wirtschaftsfaktor. Keine andere Region Österreichs betrieb es, fremder Leute Brut aufzuziehen, so intensiv wie eine Art Gewerbezweig. Das ist heute noch so, nur wohl mit mehr Herzlichkeit und weniger Hieben.

Über die Seele der Steirer und der Steiermark ist damit schon viel gesagt: In ihr hausen gemeinsam Härte und Hingabe, Grausamkeit und Güte, Wut und Wehmut. Ein Land modern und hartnäckig traditionsbewusst, unbelehrbar und

Jede Straße endet irgendwo. Aber selten setzt die Natur einen so grandiosen Schlusspunkt wie am Dachsteinmassiv. Weiter geht's nur mit der Südwandbahn

Lächelnd öffnet die Almwirtschafterin Daniele Reingruber Wanderern die Tür der Ritzingerhütte auf der Viehbergalm

Sekunden nur braucht die Fähre zur Querung der Mur zwischen Weitersfeld und Slowenien. Der kleine Grenzverkehr hat seine Regeln, ist aber unkompliziert

sprühend vor Unternehmungslust. Als archaisches Eisenland, als Welt der Schmelzen und Schmieden ist es alt, uralt in seinem schwermütigen Mangel an Lernlust – und zugleich die ideenreichste und lebendigste Industrieregion Österreichs. Der Erzberg in ihrer Mitte, ein von riesigen Baggern über mehr als ein Jahrhundert malerisch benagter Kegel eisenhaltiger Erde, ist heute nicht mehr Grundlage wuchtiger Gewerke, sondern Mittelpunkt bunter Vergnügungsindustrien. Und erst die Kontraste, Zwischenwelten in Land und Landschaft: die blitzende Unbehaustheit der Felsengebirge und das fette Wohlsein der Ebenen, die ersprießliche Lieblichkeit der Hügel, die karge Derbheit der Einöde, die bunte Aufgeregtheit der Stadt und der argwöhnische Gleichmut des Hinterlandes.

Österreich hat nichts,

was die Steiermark nicht auch hätte – außer einem ganz anderen Menschen und einem eigentümlichen Zungenschlag. Nur liegt alles hier viel gedrängter beieinander. Was für Mitteleuropa als dem Königreich der Kleingliedrigkeit gilt und für Österreich allemal, gilt erst recht für diese Region: Mit jeder Kuppe, die man überschreitet, mit jeder Kurve, die man hinter sich lässt, wechseln die Bilder, ändern sich die Landschaften, wandeln sich Gestalt und Kultur gemäß den Grundlagen ihrer Existenz.

In der Mur-Mürz-Furche wie seltsam stumpfe, matte Perlen aufgereiht Hütten und Gießereien, die erneuerten oder insgeheim dahinrottenden Monumente der schwerindustriellen Revolution; an den Hängen direkt dahinter die pure Bauernwelt, oft nur verbunden durch die Kargheit beider Erwerbszweige, wenn die Menschen ihrer bezahlten Arbeit in den Hütten und Gruben nachgehen und nach Feierabend ihre Höfe bewirtschaften.

Was beide Welten dazwischen verbindet und trennt, sind die bunten, blitzblanken Perlen der kleinen Städte, der Landstädte, der Bergwerksstädte, der Arbeitersiedlungen, der Stätten von behäbiger Verwaltung und eigentümlicher Gerichtsbarkeit.

Da ist zum Beispiel Leoben mit dem Berggericht und der Montan-Universität. Hier versammelt sich das Bergwerkswesen Österreichs im Guten wie im Bösen. Da lernen die Ingenieure und Techniker für die ungezählten Gruben dieses Landes, dessen grüne Oberfläche wir als gewaltigen alpenländischen Vergnügungspark kennen, durch dessen felsige Eingeweide sich aber noch Hunderte von Stollensystemen fressen, in denen fast alles abgebaut wird, was die Erde dem Menschen an Bau- und Schmiedematerialien, an Mineralien und auch an Mythen bietet, die die Welt unter Tage so üppig gebiert wie sie sich die Erzspuren geizig abringen lässt. In Leoben werden auch die Gutachten verfertigt, wenn einmal was schief gegangen ist, wie der schauerliche Einbruch der Talkumgrube von

Ein steirischer Grasgarten wie dieser bei Piber ist ein Gänseparadies. Und gebratene Gänse auf steirische Art sind eine kulinarische Offenbarung

Lassing, und hier fallen die Gerichtsurteile, ob der Mensch mal wieder gefehlt hat oder alles doch nur auf das Konto der Natur, des Schicksals zu schreiben wäre.

Selten hat ein Land sich so gespreizt in seine Widersprüche. Die Saualpe im Südwesten und Peter Roseggers Waldheimat im Nordosten – dem Burgenland und Niederösterreich zu – verlangen beide in ihrer kärglichen Unzugänglichkeit, in ihrer verschlossenen Sprödigkeit selbst heute noch den unverbesserlichsten Romantikern einiges an Zuwendungsarbeit ab.

Dafür hat sich die Steiermark ganz im Nordwesten etwas von den unsagbaren Idyllen des Salzkammergutes stibitzt und schwelgt im Ausseer Land in hochgebirgiger Lieblichkeit.

Wieder in der Diagonale, dem Südosten, entwickelt sich eine paradiesische Hügelwelt etwa um die Burg Kapfenstein herum, in der Aufdringlichkeiten noch keinen Platz haben. In der ziselierte Verschwiegenheiten Beträchtliches an sinnlichen Offenbarungen bergen, erforscht man sie nur hartnäckig genug.

Den Rändern zu, an den Grenzen der Republik, tun sich dann Thermen auf, Bäder und ebene Vorahnungen Pannoniens. Und auch die ersten Weinberge.

Der Wein. Ein ewiges steirisches Thema, nicht nur, weil dessen Enthusiasten sein Hauptgebiet an der südlichen Hügelgrenze zu Slowenien in den Rang einer „Steirischen Toskana" zu erheben suchen – ein nicht von allen geteilter Vergleich, weil das Land und seine Hervorbringungen keine schmeichelhaften Vergleiche benötigt, ob nun für Auge oder Gaumen.

Wein ist ein Schicksalssaft für dieses Land. Früher galten die Häcker und Hauer, wie hier die Winzer heißen, als die Bedürftigsten im Lande. Rangierten selbst in der Armut gewohnten ländlichen Bevölkerung in ihrem nichtswürdigen Ansehen, ja der Verachtung, noch hinter Tagelöhnern und „Keuschlern", wie man hier die Kleinhäusler nennt. Einst die elendeste, ist sie heute eine der edelsten unter den Weingemarkungen Europas, auch was den Geldwert anbetrifft: Welschriesling und Morillon, Sauvignon und Weißburgunder sind zu einem der üppigsten Nährströme für Auskommen und Selbstbewusstsein der Steiermark angeschwollen.

Schuld daran ist nicht nur der legendäre Erzherzog Johann, der, kaum eines Wortes der deutschen Sprache mächtig, aus der Toskana (!) von seinem kaiserlichen Bruder herbeikommandiert worden war, und der schon vor fast zwei Jahrhunderten den Wein als Lebensgrundlage der Bauern systematisch zu fördern und zu pflegen verstand. Auch der Glykol-Skandal des Jahres 1985, der die bequemeren, bekannteren Weinre-

Die meisten steirischen Produkte sind zum Reinbeißen. Der „Steirerapfel" fällt nicht weit vom Stamm an der Apfelstraße rund um Puch und Weiz

Fotos: Peter Rigaud

Zum Lammkotelett mit Polenta, sagt die Wirtin vom „Jagawirt" am Reinischkogel oberhalb von Stainz, schmeckt am besten ein Glas Schilcher-Wein – und umgekehrt

Das Brot der langen Jahre. Bertha Kelz in Harl backt bereits seit vier Jahrzehnten. Ihre Brotschnitten sind fest, dennoch leicht und haben, frisch gegessen, ein würziges Aroma

gionen Österreichs in den Strudel süß-pappiger Scheußlichkeiten zog, schärfte plötzlich die Geschmacksnerven der Trinkergemeinde für die schlanken Tugenden dieses skandalfreien Gebietes.

Der Schilcher aus der Weststeiermark könnte für die ganze Region stehen, sogar für das ganze steirische Land: Früher wurde aus dem Blauen Wildbacher, so heißt die Grundrebe des Schilchers, nur deshalb immer ein Rosé, weil er nie richtig reif wurde, und weil man ihn außerdem mit harten Wildtrauben von Hecke und Mauer zusammenmixte zur berüchtigten „Rabiatperle", die übermäßige Zecher regelmäßig handgreiflich werden ließ. Heute wird Schilcher zu einem Kultgetränk ganz besonderer Qualität ausgebaut. Die Steiermark selbst ist in diesem Sinne von einem kleinmütigen, säuerlichen, verzagten Charakter zu einer Region geworden, die das, wofür manche sie früher verhöhnen mochten, heute mit stillem Stolz als Tugend zu präsentieren weiß.

Enthusiasten jedoch erschließt sich der wahre Geschmack dieses Landes manchmal beim Simpelsten, was es hervorzubringen hat: bei der Krainerwurst, mit frisch geriebenem Kren, am besten zu verzehren an einem der Würstelstände am Hauptplatz der Landeshauptstadt Graz. Aus der Sicht der großen hochmütigen Schwester, der Hauptstadt Wien, hat Graz etwas Bäuerliches, ja Bäurisches.

Wie wahr scheint das erst, wenn man seine Krainerwurst – sonst Beleg dafür, dass auch in der sonst kulinarisch so wohlbestallten Steiermark der Teufel nicht schläft – gar am Josefsmarkt verdrückt: einem Areal der paradiesischen Hervorbringungen eines sinnlichen Bauernlandes, Bühne der knorrigsten und komödiantischsten Landcharaktere. Verkaufsstelle und zugleich ökumenischer Raum für Handfestes und Durchsichtiges, für Schrullen und Distinguiertes, für hoffärtige Kunstmenschen und zarte alte Damen, die Naturalien nur in homöopathischen Dosen nach Hause tragen.

Ein Markt übrigens nur dessen, was rundum wächst, ohne Exotica aus den Kühlhäusern der Agrarimporteure. Hier wird nichts vom Selchfleisch ohne einen Verwahrungsratschlag, kein Kraut ohne Rezeptur, kein Apfel ohne charakterlichen Lobpreis eingepackt: Der sinnliche Diskurs ist hier so zu Hause wie die Paradeiser, Krautwürste und das Kürbiskernbrot.

Begrüßung der Morgensonne oben in der Ramsau. Murmeltiere sind keck und possierlich, aber wenig kontaktfreudig und daher blitzschnell wieder verschwunden

Die Krainerwurst ist übrigens weit mehr als ein zur Verköstigung mit gewürztem Brät gefüllter Naturdarmzipfel: Sie deutet hin auf Krain, einen Teil der sogenannten Untersteiermark, die nach dem Ersten Weltkrieg verloren ging und heute Rumpf Sloweniens, des Nachbar- und jugoslawischen Nachfolgestaates ist.

Die in Deutschland so beliebten „Oberkrainer" mit ihrem Blech sind gleichsam der akustische Widerhall der Krainerwurst. Und es ist kein Wunder, dass eine ganze Dynastie von Landeshauptleuten der Österreichischen Volkspartei natürlich mit bürgerlichem Namen Krainer hieß. Dass dennoch die Steirer heute viel gedeihlicher mit dem Nachbarn Slowenien auskommen als die in diesem Punkt so giftigen Kärntner, hat mit der Amputation zu tun: Ohne eine nennenswerte slowenische Minderheit, ohne die traumatische Erfahrung eines an der Volkstumsgrenze entlang geführten Bürgerkrieges, wie es ihn in Kärnten auszufechten gab, hat man schon zu kommunistischen Zeiten Jugoslawiens aus dem Verlust den Funken eines bescheidenen, heute blühenden neuen Nachbarschaftsgefühls zu schlagen vermocht.

Weinland, Apfelland, Kürbisland. Und Schnapsland. Tatsächlich hat man als touristischen Gag eine „Steirische Apfelstraße" gekürt, eine seltsame Metapher. Denn wenn es Äpfel platschend auf den Asphalt regnet, ist das nicht die genießerischste Vorstellung. Doch hat man hier diese paradiesische Frucht zu einem breiten Gewerbezweig heranreifen lassen, die nicht nur als Frischobst, sondern stellvertretend für viele Säfte ihrer Art als Ursprung verteufelt feiner Brände dient, die sich als eigene kulinarische Kategorie höchster Güte etablieren.

Und erst das Kernöl. Kürbiskernöl natürlich. Es kreiert schlichte Gerichte zu Delikatessen, hat den Kürbis selbst wieder erstehen lassen als geachtete Feldfrucht. Steirische Kürbisfelder sind auch vom Anblick her landschaftspflegerische Kunstwerke.

In der technischen Welt, in der Welt der konstruktiven Erfindungkraft und der schnellen Fortbewegung, entkommt heute fast niemand den Steirern. Sie begleiten uns gleichsam immer. Mit der Bahn durchs Alpenland: steirische Technik. Im Auto fährt die ganze Welt damit herum: Viele in aller Welt gebauten Personenkraftwagen enthalten Ausrüstungen, die in der Steiermark produziert oder zumindest erdacht wurden. Kaum überraschend, dass der Österreich-Ring mit seinen röhrenden Autorennen bis hin zur Formel 1 in der Steiermark liegt.

Was Wunder, dass eines der Stahlwerke in diesem Land beinahe ein Weltmonopol für Eisenbahnschienen hält. Das mit dem Verkehr hat seine Tradition, die wieder beim Erzherzog Johann beginnt. Er initiierte das kühnste Eisenbahnprojekt seiner Zeit, die Bahnlinie über den Semmering ins habsburgische Reichszentrum, die so steil angelegt war, dass es während ihres Baues noch keine Lokomotiven gab, die sie überhaupt hätten befahren können. Steirisches Zutrauen in den Fortschritt behielt Recht: Zur

Kukuruz, der Mais, ist eine Grundlage steirischen Daseins. Dafür arbeiten Stefanie Weinhandl und ihr betagter „Steyr"-Traktor noch immer hart

Einweihung waren auch die ausreichend kräftigen Zugmaschinen zur Stelle. Und um die Bahnlinie, also – welch Paradox – um moderne Technik herum gestaltete sich eine der traumhaftesten Urlaubslandschaften für die dekadente Wiener Gesellschaft.

Einem jeden Steirer, der sich seit je von den hoffärtigen Wienern wenigstens belächelt glaubt, würde es besondere Lust bereiten, den Wienern das Wasser abzugraben. Denn Graz hätte die Macht dazu. Im Norden der Mark liegen alle die Quellen, die Wiens Leitungen füllen und die Millionenmetropole mit einer Wasserqualität segnen wie kaum eine andere. So bricht ungefähr alle zehn Jahre ein kleiner Wasserkrieg aus, wenn bei Grazer Politikern wieder einmal die Überzeugung herangereift ist, dass der noch aus Kaisers Zeiten stammende kostenlose Nießbrauch der Wasserressourcen Unrecht sei: Von Wassersteuern ist dann die Rede, von Eigenbedarf am köstlichen Nass; mit geheucheltem Unverständnis registriert man dann die Empörung, die über den Semmering schwappt, und feixt im Stillen darüber, den Wienern wieder einmal klargemacht zu haben, wo Österreich seine wahren Qualitäten herbeziehe.

Die Steiermark, im Gefühl ständiger Vernachlässigung durch Österreichs Zentrale lebend, wie immer sie regiert sein mag, hat fast wie Bayern eine Tradition der politischen Aufmüpfigkeit entwickelt. Hier kocht man noch immer die eigenwilligeren Vorstellungen, die radikaleren Ideen aus als im übrigen, konsenssüchtigen Österreich. Die Volkspartei, die die Steiermark seit langem unangefochten dominiert, wollte sich Ende der achtziger Jahre nach CSU-Vorbild sogar vom Rest der ÖVP abspalten. Im Grazer Gemeinderat sitzen demgegenüber immer wieder Kommunisten, mancher davon sogar in der Stadtregierung. Respekt vor der Wiener Politik ist hier jedenfalls nicht zu Hause.

Doch ist die Steiermark kein grobes Land. Literatur, Architektur, Tanz, Theater, Musik – es gibt große und kleine Initiativen im Lande, die sich weniger den opulenten als den feingliedrigeren Varianten der Künste widmen. Wenn auch Salzburg und Bregenz mit Bombast prunken, die wirklichen Impulse, die feinen Töne, die differenzierten Diskurse gehen von der Steiermark aus: „Steirischer Herbst", „Forum Stadtpark", die alter Musik huldigende „Styriarte". Der ganze Literaturbetrieb Österreichs speist sich überproportional aus der natürlichen schreiberischen Begabung und Gestaltungskraft dieser Region.

Die dem Süden zugewandte Lage am Alpenhauptkamm, das an vielen Tagen mediterrane Licht, ein Klima unter dem Einfluss der Adria – all das strahlt wohl auch in die Seelen der Steirer. Sie haben das früher vorherrschende rauhe Tuch abgelegt, gefallen sich heute gern in Verbindlichkeiten, machmal in warmer Herzlichkeit, manchmal auch in lärmender Kameraderie. Darüber sollte sich aber niemand versuchen lassen, nicht stets auf der Hut zu sein. Denn wenn es um die (Krainer)Wurst geht, dann liegt den Leuten in diesem gereiften Lande dennoch der Griff nach dem Ochsenziehmer durchaus nahe. Wenn auch heute mehr im übertragenen Sinn.

Michael Frank *ist Korrespondent der* Süddeutschen Zeitung *in Wien.*

OGILVY & MATHER RIGHTFORD SEARLE-TRIPP & MAKIN P02755

Das Tor zum Süden: Graz

Nirgends sonst im Land wird das Rauschen des Alltags so stilvoll in den Hintergrund gedrängt wie hier. Vieles mutet fast mediterran an: Die Abendstimmung zu Füßen des Schlossbergs. Das tägliche Treiben in den Cafés. Der süße Hang zum Müßigen und zur Poesie

Dämmerung über Graz: rechts im Bild die „Stadtkrone" mit denTürmen von Mausoleum, Domkirche und Burg, dahinter der Schlossberg mit Uhrturm

Text: Peter Glaser, Fotos: Peter Rigaud

Handwerk im Zeichen des Greifs: Seit 1888 prangt der kakanische Doppeladler über dem Portal der „Hofbäckerei Edegger-Tax" in der Hofgasse

Zwischen all dem Alten ist das Neue ein Abenteuer

Genießen in Gewölben: Das Restaurant „Johan" in der Landhausgasse bietet italienische Küche und wuchtiges Ambiente

Abschalten in lauschiger Altstadt-Atmosphäre: Die „Goldene Pastete" in der Sporgasse lockt pflastermüde Passanten unter ihre Schirme

Verliebten schlägt hier die Stunde:
Der Uhrturm auf dem Schlossberg ist beliebt als Treffpunkt

Freitreppe zur Unsterblichkeit: Aufgang zum Mausoleum des Kaisers Ferdinand II., einem Bau des 17. Jahrhunderts

In der Altstadt stehen die Uhren nie still – auch wenn es so aussieht

Einst Glacis der Festung Graz, heute Flanier-Meile und Jogger-Turf: der weitläufige Stadtpark

Historischer Mittelpunkt der Altstadt: der dreieckig angelegte Hauptplatz unterhalb des Uhrturms

Graz ist so klein, dass nur jede zweite Generation zum Zuge kommt

Ein Platz an der Sonne mit Schlossberg-Panorama: Auf der Dachterrasse des Cafés „M1" am Färberplatz nimmt die Jeunesse ihren Drink

Der Grazer Bauernmarkt ist berühmt: Ob Kohl oder Kürbis, Kartoffeln oder Kraut – hier finden Käufer alles, was sie wünschen. Und die Verkäufer freut's

Orgie in Stuck: Luegg-Haus in der Sporgasse. Im Stadtbild mischen sich Barock, k.u.k.-Glamour und moderne Architektur der Grazer Schule

Renaissance-Arkaden in der Sporgasse 22: Bis 1939 gehörte der elegante Innenhof dem Deutschen Ritterorden

Jede Stadt, die eine sein will, hat einen erhöhten Ort, von wo aus sie überschaubar ist. Wir kennen aus Filmen den Parkplatz, der den Blick über das nächtlich leuchtende Straßenraster von Los Angeles fliegen lässt. Oder Wien, das sich vom Kahlenberg aus groß hingestreckt zeigt. Graz ist schön und hat mehrere solcher Orte und ist doch eine kleine Stadt.

Ein Aussichtspunkt ist die Ries, ein Hang, an den die gleichnamige Straße mündet, die an Wiesen und Apfelbäumen entlang aus der Oststeiermark kommt. Von hier kann der Blick über den Osten der Stadt schweifen mit seinen Villen und altem Grün über den Saum der Innenstadt bis hin zum Stadtpark, den Schlossberg und an die Mur, den Fluss, der die Stadt durchquert.

Da liegt eine alte Stadt im Vorland der Alpen, ein Meer aus roten und schwarzen Dächern und dunklen Bäumen in einer weiten Bucht aus Anhöhen. Trotzdem spürt man, dass der Blick nicht nur über die Stadt hinausgeht in das dunstige Blau der sacht hinsinkenden Bergzüge, sondern auch an neue Horizonte und das silbrige Bildschirmblau der Moderne.

In einer scharfen Kehre am Hang der Ries geht es in eine feine Gegend. Weit gefasst zwischen Ruckerlberg, Leechwald und Rosenhain liegen die Bezirke Geidorf und Leonhard, dazwischen der kleine Hilmteich. Auf dem Friedhof St. Leonhard ruhen selig große Titel der k.u.k. Monarchie. Graz war ein gern gewählter Ruhesitz. Geradezu jugendlich erscheint dieser Abglanz der Kaiserzeit, wenn man bedenkt, dass sich, jedenfalls architektonisch, am Kern der Grazer Innenstadt seit 1630 nichts geändert hat.

In einer solchen Kristallisation von Bewahrtem ist das Neue ein Abenteuer. Das scheint die Stadt aber gern zu unternehmen. An der Schubertstraße zeigt sich eines der gelungenen Wagnisse: die neuen Gewächshäuser des Botanischen Gartens mit ihrer hingehauchten Glashaut. Seit den achtziger Jahren prosperiert die Architektur der Grazer Schule. Es ist eine unspektakuläre Eleganz, die sich in kleinen Portierslogen, an Institutsgebäuden und Wohnsiedlungen zeigt.

Wir sind am Glacis, einer Grenze. Grenzen sind ein bevorzugter Aufenthaltsort des Grazer Geistes. Alte, noch spürbare Grenzen. Wenn Sie hier in der Nähe etwas essen möchten: Gehen Sie zu Laufke in der Elisabethstraße, er hat einheimische Köstlichkeiten von der Kürbissuppe bis zum Schwammerlgulasch. Früher ging man ins „Glacis“, lange Zeit Heimstatt des imposanten Ringers Otto („Würg' eam!“) Wanz, der an Glamour inzwischen überstrahlt wird vom internationalsten aller Grazer, der ÖsterrEiche Arnold Schwarzenegger.

Keinen hier würde es wundern, wenn Schwarzenegger US-Vizepräsident würde. Männer aus der zweiten Reihe haben von jeher eine Affinität zu Graz gehabt. John Washington, Vetter des George Washington, fand nach seiner Flucht aus England in Graz seine Ruhe. Louis Bonaparte, Bruder des Napoleon, nahm nach seiner Abdankung als

König von Holland Graz zur Heimat. Und Don Alfonso von Bourbon, Bruder des Don Carlos, ergab sich nach familiärem Zerwürfnis in Geidorf seinem weiteren Leben.

Am Glacis, dem Vorfeld des innerstädtischen Festungswerks, wurde Ende des 18. Jahrhunderts der Stadtpark angelegt. Man mag seine versteckten Plätze suchen, die Wetterstation, den Ginkgo-Baum, oder im Herbst unter den farbleuchtenden Kastanien gehen und – ob man will oder nicht – ein Dichter werden, denn wie aus Papieren raschelt es im Laub und erfasst einen leise Poesie. Wer diese im Sitzen über sich ergehen lassen möchte, dem kann am inneren Stadtparkrand, mit Blick auf frisch glänzende Nusskipferl und den Schwanenteich im Burggraben, das „Café Promenade“ empfohlen werden.

Durch das Burgtor geht es zur „Stadtkrone“. Zu ihr gehören neben der Burg der benachbarte Dom und das Mausoleum Kaiser Ferdinands II. Von der Bürgergasse, die steil hinabführt in die auf Kaihöhe der Mur gelegene Innenstadt, ist es nicht weit zum Kaiser-Josef-Platz. Es heißt, einer der Gründe für die Ausdehnung des Britischen Empire sei das schlechte englische Essen gewesen, woraufhin die jungen Männer sehen wollten, ob es nicht woanders was Besseres gibt. Für Grazer kein Anlass, in die Welt hinaus zu gehen. Das weiß jeder, der einmal am Vormittag über den Bauernmarkt am Kaiser-Josef-Platz gestreift ist, auf dem die Felder und Beete des Umlands ihre Pracht versammeln, frische, glänzende Früchte, taufrische Salate und Kräuter, Fleisch und würzige Würste und die einzigartigen Spezialitäten der Steiermark, das Kürbiskernöl, der zwiebelfarbene Schilcher-Wein, und Süßigkeiten und Mehlspeisen aus den Kiosken, Nusskronen, Punschkrapfen, Strauben.

Am Fuß der Altstadt teilt der von Kastanien gesäumte und überwölbte Opernring zwei zentrale Plätze. Zur Herrengasse hin den Platz Am Eisernen Tor und südlich den Jakominiplatz, den Ausgangspunkt der sternförmig ausstrahlenden Bus- und Straßenbahnverbindungen. So vieles ist alt an dieser Stadt, dass Modernität manchmal außerirdisch anmutet. So überragt den neu gestalteten Jakominiplatz eine Flotte gelber Weltraumhubschrauberlaternen. Solche Dinge gibt es zwar überall, aber die Gelassenheit zu finden, aus der sie sich betrachten lassen, fällt in Graz leichter als in einer anderen Stadt. Vielleicht gibt es hier deshalb so viele Schriftstellerinnen und Schriftsteller, so viele Freunde feiner und besonderer Aufmerksamkeit.

Graz ist die Stadt, „in der ein Frühling gedieh, der sich nun Herbst nennt“, sagt Alfred Kolleritsch, Nestor der Grazer Autorenversammlung, über die Anfänge des „Steirischen Herbst“. Die sechziger Jahre waren voller Aufbruch. Damals sollte das beliebte „Café Stadtpark“ abgerissen werden. Einer Gruppe junger Künstler gelang es, die heute international renommierte Stätte unter dem Namen „Forum Stadtpark“ zu erhalten. Im Frühjahr 2000 wurde das Forum nach zweijährigem Umbau in frischer, gläserner Leichtigkeit neu eröffnet.

1968 fand erstmals der „Steirische Herbst“ statt. Seither ereignen sich jedes Jahr von Mitte September bis Ende Oktober Kaskaden von Kunstprojekten, sitzen Maler, Autoren, Musiker, Computervirtuosen und Vordenker aus aller Welt im „Krebsenkeller“, im „Café Promenade“, im Restaurant „Braun de Praun“ und nachts im „Theatercafé“ und suchen die auch scharfe Gegensätze versöhnende Atmosphäre.

Das Bittere an Graz ist, dass es so klein ist und deshalb vor allem in den schöpferischen Metiers immer nur jede zweite Generation zum Zuge kommt. Die Nachachtundsechziger hatten das Schicksal, einer sehr kreativen Generation nachzufolgen, der Grazer Autorenversammlung vor allem. Deren Angehörige hatten längst alle jene Stellen besetzt, an denen sich in Graz mit einem künstlerischen Dasein auch nur das geringste Dasein bestreiten lässt, als die Jungen gerade aufgewacht sind ins Leben.

Wer einer dieser jeweils zweiten Generation angehört, dem bleibt nur die Emigration: Unter anderem deshalb glauben die Deutschen inzwischen, jedenfalls im Medien- und Verlagswesen, an eine verschwörerische Invasion von Österreichern.

Transparent sind nicht nur Grazer Buswartehäuschen und Telefonzellen, neuerdings ist es auch der Schlossberg, die 437 Meter hohe zentrale Erhebung von Graz. Vom Fuß der Schlossbergstiege aus wurde ein Stollen durch den Fels getrieben. Jeder kann jetzt durch den Berg hindurchgucken. Über dem Stollen weitet sich ein elf Meter hoher „Dom im Berg“, dort zeigt man Ausstellungen. Und ein leuchtender Lift bringt Besucher durch den Berg hindurch hoch auf die Kasematten.

1809 durften die Franzosen, denen es nie gelungen war, die Feste auf dem Dolomitfels einzunehmen, sie schleifen;

Ein Ort für die Musen: Das gläserne „Forum Stadtpark" hinter dem Franz-Joseph-Brunnen ist alljährlich Begegnungsstätte von Literaten

übrig blieben Basteien, eine Zisterne – der Türkenbrunnen –, der Glockenturm mit einer mächtigen Glocke namens „Liesl", die Kasematten, die heute Freilichtbühne sind, und der Uhrturm, das Wahrzeichen der Stadt. Die Zeiger der Uhr gehen „verkehrt", der große ist der Stunden-, der kleine der Minutenzeiger.

Von hier oben schauen Sie über die größte im deutschsprachigen Raum erhaltene mittelalterliche Altstadt. Aus jahrhundertealter Verwitterung leuchten die warmen Rottöne der Ziegeldächer, die Farbtöne variieren nach Alter. Firste und Giebel stehen nicht geometrisch, sondern gewachsen und gebeugt. Zwischendrin ein helles Riff, Steilküste im ziegelroten Meer: das Rathaus.

Davor der Hauptplatz. Der Erzherzog Johann, hier als Brunnengestalt präsent, ist umgeben von Marktständen unter bunten Planen. Aus einem oberen Fenster des Rathauses schaut eine Webcam, die Neugierigen aus aller Welt übers Internet einen Blick in das vitale Zentrum von Graz gestattet. Zwei Traditionseinrichtungen stehen einander an der Straßenbahnhaltestelle gegenüber: das Milchwagerl, ein fest geparkter Ausschank für Milch, Fruchtjoghurt und handliche Süßspeisen, und die Weikhard-Uhr vor dem gleichnamigen Juweliergeschäft, *der* Treffpunkt, Mutter aller roten Punkte auf dem Stadtplan.

Spätgotische, barocke und biedermeierliche Fassaden dominieren. Zwischen dem Haus Luegg mit Stuckfassade und dem massigen Bau des Steiger-egg steigt die Sporgasse an. Aus einem Oberlicht des Palais Saurau hängt eine Türkenfigur hinaus in die Gasse, nach der Legende einer aus dem Gefolge des Ibrahim Pascha, der 1532 die Stadt belagerte. Der Mann blieb in der Luke stecken, nachdem einer türkischen Tafelrunde eine Kanonenkugel von der Festung ins Essen geflogen war.

Paradestraße der inneren Stadt ist die Herrengasse. Sie führt vom Hauptplatz bis zum Eisernen Tor und macht Eindruck mit Barockfassaden, Gründerzeitgebäuden und imposanten Renaissancebauten wie dem Landhaus. Der Landhaushof ist eine Symphonie aus Laubengängen – südliche Leichtigkeit ausgewogen mit nordischer Solidität. Das benachbarte Landeszeughaus ist mit mehr als 30000 Waffen, Rüstungen und Kriegsgerät aus dem 15. bis 17. Jahrhundert das größte Zeughaus der Welt.

Aber die Innenstadt ist kein Museum, sie lebt. An Sommertagen mit der Frage, ob man sein Eis im „Kaiserhof" am Eisernen Tor, bei „Temmel" in der Herrengasse oder in der „Konditorei Strehly" in der Sporgasse nehmen soll, oder sich für eine Melange im Schanigarten des „Café Muhr" niederlässt – mit Blick auf den Hauptplatz. Kein Kino kann schöner sein.

Der süße Hang zum Müßigen ist zu spüren. So verlangt die Kaffeehauskultur ihren Teilnehmern eine herzenstiefe Bereitschaft zum Herumhängen ab. Man sitzt und schärft die Sinne, hört die Sprache, weich, nachgiebig, wie ein Geschmack von schmelzender Schokolade, vernimmt den obligaten Abschiedsgruß *babaa.* Ein Überbleibsel der Nachkriegszeit, in der Engländer in Graz stationiert waren: *babaa,* ein „eingesteiertes" *byebye.*

Graz ist ein Ort für die Durchreise. Eine Stadt wie ein Bahnhof, ein Hafen, eine Grenzstation. Eine sonderbare Faszination geht von ihr aus. Manch einer verbringt Stunden in dem Appeal von Ankunft und Abreise, absichtslos und voller Fernweh. Nirgendwo scheint es leichter, ein Gefühl über das Rauschen des Alltags hinaussteigen zu lassen. Je weiter nach Süden der Besucher kommt, desto mehr wandelt sich das, was er erst zunächst als Verweilzwang ansieht, in Lebensqualität. In Graz fühlt vieles sich schon italienisch an, nur die Palmen fehlen. Graz ist die Schöne vor dem Süden.

Peter Glaser, *Journalist und Buchautor, ist gebürtiger Grazer. Er lebt in Berlin.*
Peter Rigaud *ist freier Fotograf in Wien.*

Vorwahl Graz: 0316

SEHENSWERT

1 BAUERNMARKT
➤ **siehe „Tipps und Hinweise“**

2 BURG
Gotisches Burgtor mit Arkadengängen, einzigartige spätgotische Doppelwendeltreppe (1499)

3 DOM
Spätgotischer Kirchenbau (1438-62), an der Südseite das „Landplagenbild“ (Türken-, Heuschrecken und Pestbedrohung). Barocke Innenausstattung

4 FRIEDHOF ST. LEONHARD
➤ **siehe „Tipps und Hinweise“**

5 HAUPTPLATZ
Ein Ensemble von Renaissance, Barock und Biedermeier. Haus Luegg: Laubengang, reich verzierte Stuckfront; Haus Zur Blauen Kugel: Christopherus-Fresko, Hauszeichen; Steigeregg: großer Doppelwalmgiebel; Rathaus: Fassade im Stil des Historismus

6 HAUS DES DEUTSCHEN RITTERORDENS
Frühbarocke Fassade, Arkadenhof aus der Frührenaissance

7 LANDHAUS UND LANDESZEUGHAUS
Das Landhaus ist einer der bedeutendsten Renaissancebauten nördlich der Alpen, 1557-65 von Domenico dell'Allio errichtet. Wunderschön der Arkadenhof mit Brunnenlaube, prächtig der Rittersaal. Das benachbarte Zeughaus (1643-45) beherbergt eine einzigartige Sammlung von Rüstungen, Geschützen und Waffen

8 MAUSOLEUM
Das Grabmal Kaiser Ferdinands II., von Giovanni Pietro de Pomis 1615-33 geschaffen, ist das prominenteste Beispiel des Manierismus in Österreich. Reiches Interieur von Fischer von Erlach

9 PALAIS SAURAU-GOESS
Vierflügeliger Stadtpalast (1566) mit prächtigem Portal. Aus einer der oberen Öffnungen ragt die Figur eines Türken

10 SCHLOSSBERG
Der 475 m hohe Fels mit dem Uhrturm ist das Wahrzeichen der Stadt. Von der nie eroberten Festung (1544-88) sind die Kasematten und der achteckige Glockenturm (1588) mit der vier Tonnen schweren Glocke „Liesl“ erhalten. Im 19. Jh. wurde der Schlossberg zur Grünanlage umgestaltet: Es gibt Gartencafés und eine Freilichtbühne

11 STADTPARK
Ein im 19. Jh. angelegter Englischer Garten von großzügigen Ausmaßen mit Denkmälern, Burggraben, Brunnen. Das „Forum Stadtpark“, aus dem „Café Stadtpark“ hervorgegangen, ist die Geburtsstätte der künstlerischen Grazer Avantgarde

RESTAURANTS

12 BRAUN DE PRAUN
Morellenfeldgasse 32, Telefon 322093, Mo-Sa 8-2 Uhr, warme Küche bis 1.30 Uhr, So geschl. Urgemütlich, 250 Speisen aller Art. Für „Auswärtige“ empfiehlt der Wirt die Schwammerlgerichte (Steinpilze, Pfifferlinge) mit Fleisch

13 GOLDENE PASTETE
➤ **siehe „Tipps und Hinweise“**

14 JOHAN
➤ **siehe „Tipps und Hinweise“**

15 KREBSENKELLER
Sackstr. 14, Tel. 8293770, tgl. 9-24 Uhr, warme Küche bis 23 Uhr Gutbürgerlich: Fischgerichte, Vegetarisches und saisonale Spezialiäten (Wild, Gans, Lamm)

16 LAUFKE
Elisabethstr. 6, Tel. 3234700, tgl. 11.30-15, 18-24, warme Küche bis 22.15 Uhr Regionale Speisen: Backhendlsalat, Kürbiscremesuppe, Schweinefilet mit Spinat gefüllt an Schwammerlsoße

17 CAFÉ PROMENADE
Erzherzog-Johann-Allee 1, Tel. 813840, tgl. 9-24, warme Küche bis 23 Uhr Der Toast „Louis Armstrong“ (Hühnchen) ist der Renner. Sonst gutbürgerliche, regionale Gerichte, asiatische Spezialiäten aus dem Wok und frische Apfel- und Topfenstrudel

CAFÉS UND KONDITOREIEN

18 EIS-CAFÉ TEMMEL
➤ **siehe „Tipps und Hinweise“**

19 HOFCAFÉ EDEGGER-TAX
➤ **siehe „Tipps und Hinweise“**

20 KONDITOREI-CAFÉ MUHR
Peter-Tunner-Gasse 45, Telefon 585140, Mo, Mi-Sa 7-19.30, So 9-19 Uhr 30 Eissorten im Sommer; jederzeit 30 Torten, Kipferl und steirische Trüffel

21 KONDITOREI STREHLY
➤ **siehe „Tipps und Hinweise“**

22 TEMMELS KAISERHOF
Kaiserfeldgasse 1, Tel. 8304360, Mo-Sa 7.30-21 Uhr, So geschl. Kaffeehaus im Wiener Stil. Beliebt: Schoko- und Spezialtopfentorte. Berühmt: die Eisbecher

AM ABEND

23 CAFÉ M 1
➤ **siehe „Tipps und Hinweise“**

24 THEATERCAFÉ
Mandellstr. 11, Tel. 825365, tgl. 23-4 Uhr Platz für Künstler, Bohemiens und einem Pianisten. Bisweilen Kabarett-Vorführungen

➤ **weitere Adressen siehe „Tipps und Hinweise“**

Brücklwirt

Ramsau am Dachstein

Bergfrühling - Familiensommer - Berg- und Hüttenherbst

Urlaub vom Hochplateau über die Alm- und Hüttenregion bis zum Dachsteingletscher. Vom Frühlingsfest der Pferde bis zu den Familienferien auf den Spuren von Kali dem Ramsaurier und den Ramsauer Alm-, Berg- und Hüttenherbst.

Detailinformation und Pauschalangebote zu allen Aktivitäten bitte kostenlos anfordern: Tourismusverband
A-8972 Ramsau am Dachstein Nr. 15, Tel. +43/3687/81833,
Fax 81085, **info@ramsau.com, www.ramsau.com**

Duisitzkarsee, Obertal Foto: Raffalt

Rohrmoos ob Schladming

Den Himmel auf Erden

Rohrmoos-Untertal liegt im Herzen der Dachstein-Tauern-Region oberhalb von Schladming. Schon im Frühjahr bis spät in den Herbst lockt die wunderschöne Berg- und Wasserlandschaft Urlauber an. Denn Natur gibt es im Überfluss: glasklare Bergseen, bizarre Wasserfälle, herrliche Hochtäler und natürlich Berge. Neben ungezählten Wanderwegen führt die „Königstour" zum Klafferkessel - ein Überbleibsel der Eiszeit mit ca. 30 Seen. **Unvergesslich für jeden:** ein Sonnenuntergang am Spiegelsee, das gewaltige Dachstein-Massiv vor Augen; die einmalige Szenerie des Tettermoors, die Riesach-Wasserfälle und die alten Silberbergwerkstollen geben faszinierende Perspektiven. Auch die Mountainbiker und Familien haben Rohrmoos für sich entdeckt. Biken in herrlicher Landschaft und viel Spaß auf der Sommerrodelbahn von der Hochwurzen werden garantiert.

Info und Prospektanforderungen:
TV Rohrmoos Rohrmoosstraße 234
A-8970 Rohrmoos/Schladming
Tel. +43/3687/61147, Fax -18, www.rohrmoos.at, info@rohrmoos.at

ROHRMOOS UNTERTAL leben · spüren · leben

Grimming-Gesäuse

Was ist es, das immer mehr Urlauber mit einem wohligen Gefühl aus dem grünen Herzen Österreich's - der Steiermark - nach Hause zurückkommen läßt?
Viele unserer Gäste und Freunde sagen, daß es eigentlich nichts Spezielles ist, sondern die Summe der Eindrücke: Freundlichkeit, Essen, Trinken, Spaß, Natürlichkeit und Abwechslung.
Da gibt's zum Beispiel die Traude und den Rudolf aus Wien, die jetzt endlich genug Zeit haben, die Natur zu genießen und zum fünften Mal die Glattjochkapelle in Donnersbachwald besuchen. Am besten gefallen ihnen die grünen Almen, bei denen man auch noch den typischen Steirerkas' und eine frische Buttermilch bekommt. Für den nächsten Sommer haben sich Traude und Rudolf mit Freunden schon ausgemacht, die Kraftplatzroas in Irdning zu erwandern und im Herbst geht's dann mit ihren Enkelkindern Linda und Benjamin zu den TRARA-Bauernhöfen nach Aigen im Ennstal.
Ralf und Kerstin aus dem Odenwald haben sich viel Fun & Action vorgenommen. Nachdem sie beide Bogenschützen-Parcours auf der Planneralm und am Spechtensee hinter sich gebracht haben, steht eine Raftingtour auf dem Programm. Danach schwingen sich die beiden noch auf die Mountainbikes und bezwingen die 900 Kilometer lange, beschilderte „Alpentour Steiermark". Nach soviel Fun & Action steht abschließend noch ein wenig Kultur mit dem Schloß Trautenfels und der Burg Strechau am Programm.
Hans möchte im Winter mit seiner Familie zum Skifahren kommen. Entweder auf die Planner- oder auf die Riesneralm, weil man dort noch richtig Skifahren kann ohne lange beim Lift warten zu müssen. Außerdem möchte er unbedingt Nachtrodeln und mit den Kindern Eislaufen gehen - oder doch lieber eine Tourenwanderung und danach eine Handschlittenfahrt?
Eines haben Traude, Rudolf, Kerstin, Ralf und Hans gemeinsam - sie fahren erholt und begeistert nach Hause und werden irgendwann wiederkommen. Denn die Bergregion Grimming-Gesäuse im steirischen Ennstal hat noch vieles mehr zu bieten...

Weitere Informationen unter: **TRV Grimming-Gesäuse**
A-8940 Liezen, Hauptplatz 11, Tel. +43/3612/24525, Fax 25826
trv@urlaubsland.at, www.urlaubsland.at

Stainz

Information: +43/3463/5500, Fax 2202-22

Besuchen Sie Stainz im Zentrum des Schilcherlandes. Sehenswerte Schloßanlage mit Landesmuseum Joanneum (Außenstelle Stainz). Im Nordtrakt schließt sich die röm. kath. Pfarrkirche an. Ursprünglich als Stiftskirche gegründet, wurde sie im 17. Jhdt. innen barock ausgestattet und zählt heute zu den schönsten Barockkirchen Österreichs. Auch der harmonisch gegliederte Hauptplatz mit seinen Bürgerhäusern ist ein Besuch wert. Ein Großteil der Gebäude (16. /17. Jhdt.) weist die typische Putzfassade der Biedermeierzeit auf. Auch für Unterhaltung wird in Stainz gesorgt. Der „Flascherlzug", eine schmalspurige Lokalbahn, lockt jedes Jahr über 10.000 Menschen an, die in nostalgischer Fahrt eine idyllische Strecke entlang des Stainzbaches kennenlernen. Dabei wird auch der berühmte „Stainzer Schilcher" ausgeschenkt. Dieser, aus der Wildbacherrebe gekelterte Wein, dessen Farbnuancen von zwiebelfarben bis rubinrot laufen, erreicht nur auf den Gneis- u. Schieferurgesteinsböden der Wetsteiermark sein typisches säuerliches Bukett und gilt als einzigartig auf der Welt. Zum Schilchergenuß gehört auch das Festefeiern; auch darauf verstehen sich die Stainzer und laden alle dazu herzlich ein.

Naturhotel Enzianhof

Tief durchatmen - Weinberge unten - Almen oben und in der Mitte der Enzianhof, im sonnigen Süden der Weststeiermark - zur Gänze aus Holz errichtet! Großes Frühstücksbuffet, Mittagsschmankerl mit alkoholfreien Getränken, Nachtmittagskuchen mit Kaffee, Abendmenü mit Tischwein, Bier, Limo, Mineralwasser! Feine, regionale Küche mit Bauernmarkt. NEU: Hochseilgarten - Erleben Sie einen Grenzgang der Gefühle! Tennis total - auf 6 Frei- 3 Hallenplätzen, ÖTS-Tennisschule, NATURBADETEICH.

1 Woche **TENNIS-GOLF-SCHÖNHEITS-REIT- oder HARLEY ALL INKLUSIVE PAUSCHALE** ATS 7700,–, (€ 559,58, DM 1100,–), 2 Tage ATS 2700,–, (€ 196,22, DM 385,71,–)

Tel.: 0043 (0)31 43 / 21 06, Fax DW41, A- 8563 LIGIST, Oberwald 49, www.enzianhof.at

Urlaub auf steirisch.

Kostenlose Informationen erhalten Sie bei:

Steirische Tourismus GmbH
8042 Graz, St. Peter Hauptstraße 243
Tel. +43/316/4003-0, Fax +43/316/4003-30
e-mail: info@steiermark.com

www.steiermark.com

Steiermark

*Sommer- und Winterspaß im Pumuckl Familienhotel*****

Wohnkomfort von 24 - 60 m², Felsenerlebnisbad, Panoramasauna, Sonnenbank, Massage, Hotelbar, gemütliches Restaurant, herzhafte Küche, Weinkapelle, Musikabende, Zauberer, Ponyalm, Hüttenpartie, Kinderbetreuung und Animation. **Pumuckl-Inclusive-Zuckerl**, pro Woche, p.P. ab ATS 4900,–, (ab € 356,10, DM 720,–) HP, pro Erw. ab ATS 770,–, (ab € 55,96, DM 113,–)

Fam. Peter Mühlbacher
A-8861 St. Lorenzen ob Murau 6, Tel. +43/3537/211-0, Fax 210
e-mail: pumuckl.hotel@murau.at, www.pumucklhotel.at

Was Kinder lieben und Eltern schätzen! Ein Haus mitten im sonnenreichen, steirischen Apfelland mit Programm für Groß und Klein, Spielzimmer neben dem Speisesaal, gratis Kinderbetreuung, Kindersaftbar, kinderger. Ausstattung, Streichelzoo, Abenteuerspielplatz, Wintergarten - Schleußen-Schwimmbad, Indoor-Planschbecken, Sauna, Solarium, Massage, Tennisplätze, Menüwahl, versch. Buffets. **Unser Hit:** Ballonfahrten.

Familien-Ballonhotel, A-8224 Hofkirchen 51/Kaindorf
Prospekt anfordern: Tel. +43/3334/2262, Fax DW 21
e-mail: ballonhotel@ito.at, www.ballonhotel.at

Erholung pur für die ganze Familie garantiert der Stegerhof mit seinen familienfreundlichen Appartements und Zimmern zu jeder Jahreszeit. Tolle Verwöhnprogramme für die „Großen" und superlustige Kinderbetreuung für die „Kleinen" sind unsere Highlights! Bei unseren Kindertanten ist an 5 Tagen in der Woche immer was los: Ponyreiten, Hexenhauswanderung, Salzteig formen, Indianfest, Gespensterfest, Kinderhallenbad, uvm. Eigener Naturbadeteich mit großem Spielbereich! Die Eltern erwartet eine 400m² große Saunalandschaft mit Whirlpools, Dampfbad, Ruheraum mit Teebar, Tepidarium, Hallenbad und ab heuer neu super Wellness-Programme mit professionellem Team! Kegeln, Billard, Luftgewehrschießstand, Biken, Fitnessraum; kulinarische Schmankerlreise reicht vom Frühstücksbuffet, Menüwahl mit Trennkost, Galamenüs, Fondueabend bis zum Bauern- und Grillbuffet. Auch im Winter erweist sich die Lage der Stegerhofs als ideal. Das Schigebiet Riesneralm liegt in 300 m Entfernung, Schiabfahrten bis zum Haus. Fordern Sie unser Info-Material mit den Familienpauschalwochen an!

Fam. Gürtler, A-8953 Donnersbachwald 46, Tel. +43/3680/287
Fax DW 33, e-mail: hotel@stegerhof.at, www.stegerhof.at

Ein traditionsreicher Familienbetrieb mit mod. Komfort, Freizeitpark, Badeteich, Ausritte/Reitanlage , Golf-Driving-Range, Tennis, Fischen, Asphalt- u. Bogenschießen. Ein Wander-Eldorado mit rund 300 km mark. Wanderwegen über Almböden hin zu Gebirgsseen und bewirtschafteten Hütten. **Vollholzblockhäuser** direkt beim Sportzentrum, kompl. mit Sat-TV, Küchenblock u. Holzofen.

Hotel-Ferienanlage Moscher, Moscher Ferienblockhäuser, A-8785 Hohentauern 16
Hotline: +43/3618/204-0, Fax: DW 3

Skihütte direkt beim Lift. Ski- und Snowboardkurse für Kinder und Anfänger. **Pauschalangebot Winterzauber:** 7 Tage inkl. 6 Tage Skipaß und Skikurs, p. P. ab ATS 4990,– (€ 362,64)

***Familien- und Wanderpension **Tonnerhütte**, A-8822 Mühlen
Tel. u. Fax: +43/3584/3250, tonnerhuette@muehlen.at, www.tonnerhuette.at

Sportpension Thaler Die Familienpension liegt am wunderschönen Hochplateau Rohrmoos, oberhalb von Schladming. **Unser Hit:** 1 Woche HP inkl. aller Leistungen ab ATS 2800,– (€ 203,48, DM 400,–)

Fam. Thaler, Rohrmoos 224, A-8970 Schladming
Tel. +43/3687/61338, Fax -33, sportpension thaler@netway.at,
www.tiscover.com/sportpension.thaler

Oldtimerfahrten mit der Feistritztalbahn zwischen Weiz u. Birkfeld. Ohne Hast und Eile, durchqueren Sie eine landschaftlich besonders reizvolle Gegend der Oststeiermark. Ein Erlebnis für die ganze Familie! Eigener Barwagen, Radtransport gratis. Interessante Stationen wie Weiz, Anger, Koglhof, Birkfeld mit vielen Sport- u. Freizeitangeboten.

Informationen: Tel. +43/3174/4507-20
feistritztalbahn@birkfeld.at

Im Auge des Kitschtaifuns

Ein Steirer geht allen Dingen des Lebens gradlinig entgegen. Die heimatliche Postkartenidylle nimmt er als steirische Tatsache hin. Nur andere Steirer irritieren ihn. Besonders im Wirtshaus

Eine Betrachtung von Wolfgang Bauer

In den meisten Filmen, die über die Steiermark gedreht wurden, lernt man das Land als groteske Idylle kennen. Inmitten von wehenden Wiesen und Wäldern schuften schweißtriefend alte Männer, zwischendurch erholen sie sich bei einem Glas Most oder Wein und geben weise Urlaute von sich.

Anderswo sitzen dicke Frauen mit kürbisförmigen Köpfen auf Kürbissen und weiden Kürbisse für das Kürbiskernöl aus.

Im Toplitzsee tauchen grenzdebile Amerikaner nach Nazi-Gold, und im Wald nebenan turtelt ein knorriger Förster auf seinem Traktor mit einem Dirndl.

Die Orte und Städte bestehen nur aus sehr alten, denkmalgeschützten Häusern, aus denen Fensterblumen herauswuchern. Alles im Sonnenschein unter blauem Himmel. Die Geräuschkulisse begnügt sich mit Habichtgekreisch, dem Brüllen von Kühen, oft auch mit einem herzlichen menschlichen Gelächter aus zahnlosem Mund.

Dies sind steirische Tatsachen, ungeschminkt, wenn auch in besonderer Konstellation – in jener Konstellation eben, in der alle Welt glaubt, das Herz eines Fremden für einen Landstrich gewinnen zu können. Die Idee ist überall dieselbe, und so könnte man meinen, dass jeder Fleck dieser Erde das gleiche Image besitzt.

Behaupten wir mal, dass die Postkartenidylle der Steiermark stimmt. Sie ist die Blüte, durch die man immer weiter hineinwill. Und das wollte auch ich, steirische Notizen machen in unserem obersteirischen Bauernhaus in der Nähe von Obdach vor der traumhaften Bergkulisse des Zirbitzkogels, sozusagen im Auge eines älplerischen Kitschtaifuns.

Bei meiner Ankunft während eines heftigen Gewitters entfachte sich ein Kaminbrand, und anstatt zu schreiben wurde ich Zeuge einer ländlichen Löschaktion der Freiwilligen Feuerwehr Obdach. Da der Löschwagen bereits im unteren Teil der Forststraße im Schlamm steckengeblieben war und die wackeren Männer allesamt in höherem Alter, kam es zu einem geradezu surrealen Rettungspanoptikum, dessen Schlusspointe die tatsächliche Löschung des Brandes war.

Inmitten des *stoansteirisch* gebrüllten Verständigungsgewirrs bei gleichzeitig totaler Fehlkoordination dieser Männer und ihrer Körper entstand eine perfekt steirische Kommunikation, die mir ein Rätsel war. Es war das Fremde. Und als nach getaner Arbeit alle dann vor dem noch dampfenden Haus beim Bier und beim Schnaps saßen und außer sich vor Freude ihre Theorien über den Brand und die Löschaktion hören ließen, wurde mir mulmig. Die Löschuniformen und die herumliegenden Helme und Gasmasken gaben diesen Männern etwas Außerirdisches. Ich war der Einzige, von dem ich sicher wusste, dass er ein Steirer ist.

Jetzt wird das Haus saniert, und ich sitze im augustheißen Graz. Die Stadt ist eine einzige Baustelle, die Presslufthämmer übertönen meine Reiseschreibmaschine, darüber die Symphonie des Asphaltschneiders. Die Straßen ringsherum sind aufgerissen, die bloßgelegten Tramway-Schienen skelettieren die Stadt. Nirgendwo ein Rehbock, geschweige ein Gamsbart. Kaum Touristen, nur einige Stadtstreicher in einer Aufmachung, als müssten sie durch einen Dschungel robben oder durch die Mur schwimmen. Eine kleine Hölle. Was sind wir Steirer für Menschen!

In den Lokalen treffe ich Leute und Freunde, die wild streiten und trinken. Aber wie. Es liegt nicht die feine Unterhaltungsmelodie eines Wiener Gasthauses in der Luft, regiert nicht der alles vereinende Schmäh. Keiner klopft dem anderen auf die Schulter. Abstruse Gedanken prallen aufeinander, schlecht formuliert und extrem hypothetisch. Und das Ganze unterliegt einem qualvollen Ernst, als ginge es um etwas.

Hier hat wirklich jeder sein eigenes Ego, weil es kein kollektives Ego gibt. Der Steirer ist nämlich zu scheu und vielleicht auch zu grantig, um sich ein kollektives Ego und ein Image aufdrücken zu lassen. Sympathisch, finde ich, und gescheit. Aber natürlich kompliziert, so kompliziert, dass sich in einer Tischrunde letztendlich jeder als Genie vorkommt. Jeder sein kreischender van Gogh.

Man darf hier nicht ängstlich sein. Was ist der Impetus des Steirers? Nacktes Überleben? – Eher nicht. Eher ein Stolz, es genau in diesem Land auszuhalten und es zu was zu bringen. Die Steiermark ist ihm eine Herausforderung, ein Triathlon, auf den er sich einlässt. Bevor der Steirer nach Wien fährt, reist er auf die Osterinsel. In seiner Unbeholfenheit muss der Steirer „relativ" sein. Er nimmt alles ernst. Das ist anstrengend.

Die äußerlichen Grenzen der Steiermark wirken landschaftlich nicht zwingend. Ich meine, ein Fremder könnte mit dem Auto durchs Land fahren, ohne zu bemerken, es bereits verlassen zu haben. Die Berge setzen sich fort, die Ebenen und Hügel im Süden und Osten ebenfalls. Am exaktesten grenzt sich noch die Sprache von den anderen österreichischen Mundarten ab. So genau – etwa nach

Kärnten hin – , dass man meint, von einem Schritt zum anderen im Ausland zu sein.

Natürlich hat der bajuwarisch steirische Dialekt in den verschiedenen Regionen andere Nuancen. Vom beinahe bellenden Ost-, Süd- und Mittelsteirisch bis hin zum etwas salzburgisch aufgeheiterten Obersteirisch. Schladminger oder Ausseer sprechen leichtklingender.

Eine Sprachenklave ist auch die Grazer Region. Das grazerische Hochdeutsch der gebildeteren Menschen ist eine der wohlklingendsten und dezentesten Variationen der deutschen Sprache überhaupt. Kennzeichnend sind eine leise Rauheit, Freundlichkeit und bescheidene Eleganz. Gesprochen wird in gemischten Tempi, meist mit kleinen Denkpausen. Diese Denkpausen sind aber nie so lang wie in den anderen steirischen Regionen, wo es manchmal nahezu ausschließlich Denkpausen gibt, unterbrochen nur von einem kleinen „wauwau“.

So hat der Grazer Bürger, wenigstens sprachlich, innerhalb Österreichs eine bewundernswerte Neutralität, die es ihm gestattet, den Dingen des Lebens klar und erwartungsvoll entgegen zu sehen. Auch beim Aufnehmen fremder Sprachen ist der Grazer sehr schnell und empfindsam, er kann sich spielerisch in einen Franzosen, Italiener oder Amerikaner verwandeln. Durch seine leichte, unprätentiöse Identität ist ihm, vor allem auf Reisen, nichts verstellt. Kein Grazer würde sich jemals über sich selbst lustig machen, um sich bei anderen einzuschmeicheln, wie der Wiener das ständig tut. Auch beim steirischen Tourismus kann man das merken, denn der steirische Tourismus ist anpassungsfähig und wirkt dadurch fast unprofessionell.

Das, glaube ich, sind Eigenschaften, die viele Fremde an uns Steirern schätzen gelernt haben. Sicher deshalb kommen sie immer wieder hierher, fahren nicht in die Toskana, sondern in die Südsteiermark zum Weintrinken.

Auch die Kulturinteressierten verirren sich mehr und mehr in die Sackstraße, auch das eine Folge des spezifisch steirischen Temperaments. So ist eine der Urzellen der steirischen Kultur, das „Forum Stadtpark“, 1960 nicht von großkopferten Politikern ins Leben gerufen worden, sondern von ambitionierten Künstlern, die sich bis heute beinahe kostenlos für die Sache einsetzen.

Die steirische Literatur hat mittlerweile überall einen guten Platz, und das künstlerische Potenzial war für Graz lange Zeit geradezu überdimensional. Eben deshalb könnte es dem Grazer gut tun, wenn sein Image wieder ein wenig verwässert würde. Vielleicht ist das überhaupt eine existenzielle steirische Position. Man will nicht unbedingt festgelegt werden, man will weder Spaghetti noch Torero noch Eiffelturm sein. Die Versuche, so etwas herbeizuzaubern, schlagen sowieso alle fehl – siehe die Steiermark-Filme, die weder Heimat noch Werbung sind, sondern groteske Idylle.

Es ist wirklich schwer, die Steiermark als Ganzes zu beschreiben. Ebenso schwer ist es, den Steirer symbolisch zu kreieren. Da hilft nur Eines: einfach hinaus auf die verschlungenen Pfade, einfach kurz hier leben, und jeder wird sehen, dass alles gleich ist wie überall und alles total verschieden. Den Anteil an Verfremdung mag sich jeder selber mischen. Der ist es dann, was die Steiermark und die Steirer ausmachen. Alles in dem Maße „relativ“ wie der identitätsarme Steirer selbst.

Wolfgang Bauer, *Schriftsteller, Dramatiker und Bühnenautor, ist in Graz geboren und lebt in seiner Heimatstadt und auf dem Lande.*

Die Zukunft

Skifahrer sausen hier nicht zu Tal, dafür Bäume im Zuge der Forstwirtschaft. Jetzt soll das waldreiche Land um Murau auch ein Reich des sanften Tourismus werden. Schon heute können Besucher die Niederen Tauern und das Obere Murtal auf der „Murauer Holzstraße“ erkunden – einer Themenroute, die Holz als architektonisches Kulturgut und faszinierendes Kunstobjekt präsentiert

Text: Oliver Lehmann, Fotos: Tina Hager

Der „Ski-Sepp“ in St. Lorenzen ist ein Allround-Talent: Stellmacher und Möbeltischler

wird auf Holz gebaut

Nicht Maschinen, sondern schlichte Werkzeuge versprechen solides Handwerk

Holzgezimmert Bank und Tisch, hausgebacken das Brot: Jausen-Zeit auf dem Riapl-Hof in St. Peter

Nicht mehr Gaube, noch nicht Giebel: das hölzerne Schauinsland des Hauses von Familie Gams in Murau

Kinderferienglück: der Riapl-Nachwuchs mit Gastkindern auf dem Hofbalkon des uralten Anwesens

Profane Luke oder Kunstobjekt? Auf jeden Fall von der Witterung seit Ewigkeiten konserviert

Einst mächtige Fichten ragen wie von Riesenhand zerschmettert nur noch als kurze Stümpfe aus einem Teppich von Farn, Gräsern und Brombeerranken hervor. Die meisten zerborstenen Stämme sind abtransportiert, der Rest lässt auf der Unterseite die ersten Anzeichen von Metamorphose erkennen: Feuchte Rinde löst sich auf, Borkenkäfer, Ameisen und Würmer flüchten vor dem plötzlichen Sonnenstrahl, der in ihren Lebensraum dringt, weil die Sohle eines Bergschuhs unter den morschen Stamm fährt.

Der unendlich intensive, von Harz durchsetzte Geruch des Hochsommers im Wald verzückt die Wahrnehmung und lässt vergessen, dass hier ein Sturm zugeschlagen und binnen Minuten die Forstarbeit von Jahrzehnten zerstört hat; just hier auf einer kleinen Kuppe neben dem Weg hinauf zur Frauenalpe. Der nächste Hang ist – nur Gott weiß warum – von der Urgewalt verschont geblieben.

Der Windschlag mag den Waldbesitzer mächtig ärgern, dafür aber eröffnet sich jetzt von hier oben der beste Blick auf die kleine Bezirksstadt Murau im Westen der Steiermark. Man muss nur den Schritten Alfred Baltzers folgen, der jeden Weg und jede Geschichte in der Gegend kennt.

Der Aussichtspunkt, den der Stadtamtsdirektor dem Besucher preisgibt, offenbart all das, was Murau ausmacht. Sehr viel Wald, entsprechend viel Holz, eine naturnah bewirtschaftete mittelalpine Landschaft und ein properes Städtchen. Der Fluss namens Mur, die enge Hauptstraße, die die beiden Hauptplätze Muraus verbindet, in Plateau-Lage die gotische Stadtpfarrkirche zum Heiligen Matthäus, auf dem Hügel darüber das mächtige Renaissanceschloss Obermurau – das alles nimmt sich von hier oben aus, als ob ein Modellbauer von „Faller" im Maßstab 1:87 Hand angelegt hätte. Und tatsächlich: In den Bahnhof am Südufer fährt gerade eine Dampflok der Murtalbahn ein, die es sonst nur noch im Märklin-Katalog zu sehen gibt.

Doch wer kann schon davon leben, Bewohner einer Modellbauanlage im Maßstab 1:1 zu sein? Murau ist der waldreichste Bezirk des waldreichsten Bundeslandes und genau deshalb gehört er zu den ärmsten Regionen. Die Gewinnspannen in der Holzwirtschaft sind minimal. Mit und vom Wald wird niemand reich.

„Bis ein Baum erwachsen ist, dauert es hier oben 140 Jahre. Wenn man Geld verdienen will, sollte man besser an der Börse spielen." Karl Schwarzenberg weiß, wovon er redet. Das Oberhaupt des böhmisch-österreichischen Fürstengeschlechts ist einer der größten Waldbesitzer des Landes. Mehr als 18 000 Hektar Wald nennt er sein Eigen, vorwiegend mit Fichten, Tannen und Zirben – „meinen Lieblingsbäumen, der Farbe und des Geruchs wegen."

Holz also macht nicht reich. Aber es hat – etwa gegenüber der Bergwerksindustrie – den Vorteil, dass es mit dem Fremdenverkehr kompatibel ist. Das erkannten die 15 Mönche des 900 Jahre alten Benediktinerklosters St. Lambrecht. Bis vor 20 Jahren konnte ihr Stift in der Nähe von Murau noch von 5000 Hektar Waldbesitz leben. „Dann mussten wir neue Wege gehen", erzählt Abt Otto Strohmaier. „Wir öffneten die Klosterpforten." Im Stift gab es 1957 ein einziges Gästezimmer, inzwischen sind es 30. Aber auch die neue Einnahmequelle der Fratres gründet sich auf Holz. Es ist die Basis für die Ikonenmalerei, mit der Strohmaier in meistens ausgebuchten Sommerkursen spirituell ausgelaugten Alltagsexilanten neue Dimensionen der Mystik eröffnet – Holz aus dem eigenen Wald, am besten Birke, Linde oder Fichte.

Strohmaier braucht jeden Groschen. Allein die Erhaltung der mächtigen Abtei am Rande des Naturparks Grebenzen verschlingt Unsummen. Gerade ist das Dach neu gedeckt worden, und immer noch gibt es genug zu tun. „Für jene, die im Kloster wohnen, ist eine Taschenlampe empfehlenswert", steht im Prospekt für die Ikonenmalkurse. Bedeutet: Abends ist es zappenduster.

Im Schloss Obermurau hingegen brennt Licht. Um Karl Schwarzenberg muss man sich nicht sorgen. Die Familienstiftung besitzt (unter anderem) ein Barockpalais im Zentrum von Wien mit einem der besten Luxushotels Europas, umgeben von einem Privatpark mit einer Fläche von sieben Hektar, und das restituierte Schloss Orlík in Böhmen. Letzteres ist eigentlich bloß eine Memorabilie; bis zum Zweiten Weltkrieg besaß die Familie 50 Schlösser in Böhmen. Was die Nazis der strikt antifaschistischen Familie nicht raubten, enteigneten die Kommunisten.

Einen sehr kleinen Teil seiner verbliebenen Latifundien kann der Paterfamilias vom Garten des Schlosses Obermurau aus betrachten. Er hat den Forstbetrieb, seit er ihn 1957 übernahm, behutsam modernisiert. Hunderte Kilometer Forststraßen – „eine Strecke von hier bis nach Nürn-

Profil einer Landschaft: die Verbindung von Kultur und Natur

Ort der Stille: St. Lambrecht am Rande des Naturparks Grebenzen

Mächtig und malerisch: Wald am Weg zum Dürnberger Moor

Fürst Karl Schwarzenberg, der größte Waldbesitzer der Murauer Region, ist engagierter Mentor der „Holzstraße“ und scharfer Kritiker der Bürokratie

Foto: Peter Rigaud

Die Leichtigkeit des Murauer Holzes: Elegant und schwungvoll überspannt die Brücke „Tor ins Murtal“ in Stadl an der Mur den Fluss

Uralte Holzveranden, Terrassen und Balkons säumen – mal mehr, mal weniger gegen Blicke geschützt – die romantische Murpromenade in Murau

berg", wie der Fürst gern betont – ermöglichen es, dass rund ums Jahr aufgeforstet und geschlägert werden kann.

Ein Dienstbote hat eben noch die blauweiße Fahne gehisst als Zeichen der Anwesenheit „Seiner Durchlaucht", wie Schwarzenberg ungeachtet der Abschaffung aller Adelstitel vom Personal angesprochen wird. Doch Seine Durchlaucht schert sich nicht weiter um diese Insignien der Macht. In seiner Lederhose sieht er eher aus wie ein angejahrter Waldbauernbub aus einer Rosegger-Erzählung als wie der Staatsmann, der er ist: Als Vorsitzender der Helsinki Foundation für Menschenrechte hat er lange vor 1989 Breschen in den Eisernen Vorhang geschlagen; nach 1989 diente er in Prag Václav Havel als Staatskanzler.

In Murau ist Schwarzenberg hinter den Kulissen tätig, will etwa die Bebauungspläne sehen, bevor er ein Grundstück verkauft, weil „das Gerede von einer Erholungslandschaft sehr schön ist, aber es halt bald keine Landschaft mehr geben wird, in der man sich erholen kann." In der Stadt heißt es: „Der Fürst hat Macht, aber er übt sie nur selten aus." Schwarzenberg grinst wie ein Bub nach der ersten Kirtagsrauferei: „Das hoffe ich. Und zwar beides."

Alfred Baltzer wäre es lieber, der Fürst würde sich „mit seiner Erfahrung und seinem Horizont" stärker einbringen. So aber mussten sich die Murauer selber überlegen, wie sie aus ihrem strukturschwachen Idyll ein Biotop der Zukunft machen. An waldreichen Tourismuszielen mit durchschnittlicher Hotellerie mangelt es im Allgemeinen im Alpenraum zwar nicht, an einer Perspektive speziell für Murau hingegen schon: Anfang der achtziger Jahre drohte die Region in die Rolle eines Almosenempfängers für ABM-Maßnahmen und in die Bedeutungslosigkeit eines Wochenenddomizils für Pendler abzurutschen.

Dazu kam es glücklicherweise nicht. Menschen wie Alfred Baltzer und Hans Edler, damals Chef der Bezirksforstinspektion, erkannten, dass sich die Zukunft auf Holz bauen lassen könnte. Jahrzehntelang war überall und immer Beton als Allzwecklösung propagiert worden. „In den letzten 100 Jahren Architekturgeschichte", sagt Edler, „wurde Holz als minderwertig angesehen."

In der Tat wird stets das durch Kultivierung verfeinerte Produkt gerühmt. Kein Lied besingt den Weinstock oder den Hopfen, preisen tut die Welt den Wein oder das Bier. Auch heißt es nicht „Unser täglich Getreide gib uns heute." Beim Holz aber ist es umgekehrt: Das Material verleitet nur im unbearbeiteten Zustand zur Hoffnung, über allen Wipfeln sei Ruh'. Wird der Wald gefällt, der Baum zum Brett, hat es sich mit der Romantik.

„Holz ist brav und gesund", seufzt Andreas Braun. Er, der verantwortlich ist für den von André Heller entworfenen Publikumsmagneten „Kristallwelten" im Tiroler Ort Wattens, weiß, wie aus einem banalen Industrieartikel ein imageträchtiges Kultprodukt wird. Braun berät den Bezirk Murau und will aus dem „braven" Holz einen aufregend-sinnlichen Werkstoff, „aus einem Sägewerk einen polymythischen Tempel machen."

Die handwerklichen und künstlerischen Nutzungsmöglichkeiten des Holzes offenbaren sich am eindrucksvollsten in Murau. Die vielfach gestaffelten Holzveranden und -terrassen an der Uferpromenade der reißend dahinbrausenden Mur geben eine der schönsten Stadtansichten der Steiermark ab. Eine mit Schindeln überdachte Holztreppe führt den Steilhang zur Stadtpfarrkirche hinauf, vorbei an einem Wohnhaus, dessen Fassade aus unbehandeltem Holz mit den Jahrzehnten fast schwarz geworden ist. In der Kirche erneuern die Orgelbauer gerade den Blasebalg. Die Pfeifen sind ausgebaut, an der Rückwand ist das helle Fichtenholz zu sehen, seit Jahrhunderten von nichts anderem als dem „Gloria in excelsis deo" durchtränkt.

Um Jahrhunderte jünger

ist der Steg über die Mur. Die avantgardistische Konstruktion ist ein Relikt der steirischen Landesausstellung 1995 (Thema „Holzzeit") und beweist, dass Holzarchitektur nicht unbedingt im Zirbenstüberl entworfen werden muss. Nahe dem Mursteg, im Stadtpark, steht ein filigraner Musikpavillon, den Günter Domenig entworfen hat, der radikalste österreichische Baukünstler der Gegenwart, der üblicherweise mächtige Betonmassen dekonstruktivistisch aufeinander prallen lässt.

Muraus Umland ist eine freundliche Bergregion mit dem Oberen Murtal in der Mitte und dem Naturpark Grebenzen im Süden; im Norden wird die Region von den Niederen Tauern begrenzt. In vielen Dörfern ragen überdimensionale Holzwerkzeuge in den Himmel: Sägen, Beile, Hacken, Messzangen, Rechen und Zirkel. Es sind die Landmarken der „Murauer Holzstraße." Jede weist auf ein traditionelles oder innovatives Stück Holzarchitektur hin. In St. Blasen ist es eine elegante, lichtdurchflutete Mehrzweckhalle, in Falkendorf die Kantigkeit eines hochmittelalterlichen Weilers, an der Reitermühle in Stadl ein sich noch immer drehendes Wasserrad. In Zeutschach hat selbst die Feuerwehr Vertrauen zum Holz gefasst; ihr neues Rüsthaus wurde mit dem Rohstoff aus dem Wald gebaut. Auf der Hochebene Krakau sind es wiederum die Kulturschätze, die die dortigen Dörfer nicht nur wegen ihrer Schindeldachgehöfte sehenswert machen: In der Pfarrkirche von Krakaudorf gibt es eine bemalte Holzkassettendecke mit mehr als hundert Rosettenfeldern, in St. Ulrich in Krakauhintermühlen sind es die wundervollen Malereien einer Balkendecke.

Viele Impulse für die Rückbesinnung auf das Holz gehen vom Holzmuseum in St. Ruprecht aus, das 1988 auf Initiative eines Kreises um Hans Edler gegründet wurde. Auf 1000 Quadratmeter Ausstellungsfläche wird der Besucher auf alle nur erdenklichen Holzwege geführt: in die Arbeitswelt alter Holz verarbeitender Berufe, zum modernen Möbeldesign, auf einen Abenteuerspielplatz.

Der 1998 gegründete Dachverband „Holzwelt Murau", dessen Kuratoriumspräsident Fürst Schwarzenberg ist, will nicht nur den Tourismus, sondern auch Betriebsansiedlungen forcieren. Eine Produktionsstätte für Kreuzlagenholz-Platten in Frojach ist der Anfang. Prototypen, unter Assistenz der TU Graz hergestellt, beweisen, dass es diese Platten auch beim Fertigteilhausbau mit Modulen aus Gips und Beton aufnehmen können.

„Motor der Entwicklung kann aber nicht allein die Wirtschaft sein, wir brauchen die Kultur dazu", resümiert Alfred Baltzer. Darum veranstaltet die Stadt alle zwei Jahre den „Holzsommer" mit einem großen Kulturprogramm. Dann auch treffen die Praktiker aus dem Forst – die Waldbauern und Sägewerksbesitzer – auf die Theoretiker aus den Horsälen – Architekturstudenten und Bautechniker. Im Jahr 2001 ist „Technik in Allianz mit der Natur" Thema. Für feinsinnige Öko-Adepten, die zur Morgenmeditation ihren Lieblingsbaum umarmen, eine Horrorvorstellung. Andreas Braun freut sich: „Die Provokation ist erwünscht."

Und schon akut: Als Stahlbetonbau mit riesigen Glasfassaden wird der Neubau der Bezirksverwaltung den Spaziergängern auf der Murpromenade mit ihren vielen in Würde gealterten Holzveranden- und terrassen ins Auge springen. Bauherr ist die Landesregierung in Graz. Ob sich das Bewusstsein von Politikern etwa ähnlich langsam wie ein Wald verändere? Schwarzenberg, grimmig: „Sie sind ein Optimist."

In St. Georgen steigen Touristen aus ihrem Reisebus und bewundern Europas längste Straßenbrücke aus Holz. Der Brückenschlag über die Mur misst 85 Meter. „Und das hält wirklich?", wundert sich ein Ingenieur aus München. Doch, doch, die Brücke hält; auf jeden Fall länger als so manches Brett vorm Kopf.

Oliver Lehmann *ist Chefredakteur des österreichischen Magazins* Universum *in Wien.*
Tina Hager, *Fotografin, lebt in den USA.*

MERIAN TIPP HOLZSTRASSE

INFORMATION

MURAUER HOLZSTRASSE
Tel. (035 34) 22 02

ÜBER NACHT

❶ ZUM BRAUHAUS
Murau, Raffaltpl. 17, Tel. (035 32) 24 37 und Fax 38 97, DZ 1150 ÖS Das Spitzenhotel schließt direkt an die traditionsreiche Brauerei an. Unbedingt Zimmer mit Aussicht auf die Mur buchen!

❷ BAUERNHOF RIAPL
St. Peter am Kammersberg, Tel. (035 36) 83 75, DZ mit Frühstück 360 ÖS Ferien auf einem alten romantischen Bauernhof, sehr einfach, ideal für Kinder

ESSEN UND TRINKEN

❶ RAHMHUBE
Murau, Stolzalpe 24, Tel. (035 32) 25 08, Mi-Fr 11-15 Uhr und 18-24 Uhr, Sa und So 11-24 Uhr, Menü ca. 490 ÖS Sensationelle Aussicht hinab auf Murau. Die exzellente Zwei-Sterne-Küche zaubert grandiose Menüs, meist aus lokalen Zutaten

❸ GASTHAUS ANTHOFER
St. Ruprecht, Haus Nr. 7, Telefon (035 34) 22 60, Fr-Di, April-Okt. 10-24 Uhr, Nov.-März 16-24 Uhr Die Gaststube sieht aus wie ein Heimatfilm-Drehort aus den Fünfzigern. Spezialität sind die 37 (!) Knödelsorten

SEHENSWERT

❶ SCHLOSS OBERMURAU
Murau, Telefon (035 32) 23 02-58, 14. Juni-15. Sept. Mi und Fr 15 Uhr Führung durch den Renaissancebau. Im Sommer Konzerte

❹ STIFT ST. LAMBRECHT
Telefon (035 85) 23 45 Führungen 15. Mai-15. Okt. Mo-Sa 10.45 und 14.30 Uhr, So 14.30 Uhr Die Stiftskirche (1327-1421) der Klosteranlage ist die größte Hallenkirche der Steiermark. Kaisersaal des Stifts mit Stukkaturen und Deckenmalereien. Viermal jährlich Ikonenmalkurse. Kosten pro Woche ca. 140 DM, VP pro Tag ca. 55 DM

❺ NATURPARK GREBENZEN
Touristikverband Naturpark Grebenzen, Alte Volksschule, Neumarkt, Tel. (035 84) 20 05, Fax 2126 Großes Zirbenwaldgebiet, Hochmoorlandschaft mit reicher Flora, Quellen, Wasserfällen und Bergseen. Der Furker Teich ist ein Dorado für Ornithologen

❻ MURBRÜCKE
St. Georgen Die 85 Meter lange, größte freitragende Holzbrücke Europas überspannt in 25 Meter Höhe die Mur

❼ KRAKAU
Die Hochebene mit den hübschen alten Dörfern Krakaudorf und Krakauhintermühlen ist ein idyllisches Erholungsgebiet vor allem zum Wandern

❽ OBERWÖLZ
Die kleinste Stadt der Steiermark (1000 Ew.) ist mittelalterlich geprägt mit Stadtmauer und Stadttoren

❸ STEIRISCHES HOLZMUSEUM
St. Ruprecht, Telefon (035 34) 22 02 April-Okt. 10-16, im Sommer bis 17 Uhr, im Juli/August Bastelnachmittag mittwochs 13-16 Uhr Wichtigste Anlaufstelle zum Thema Holz. Die Ausstellung zeigt u.a. uraltes Arbeitsgerät, eine Fassbinderwerkstätte, moderne Möbelstücke und Skulpturen heimischer Bildhauer

MURTALBAHN
➤ siehe „Tipps und Hinweise"

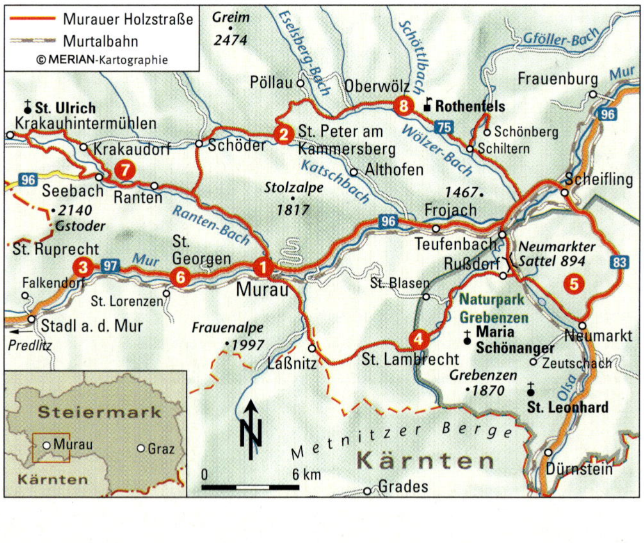

Der Rohstoff aus dem Wald auf dem Weg zum Werkstoff: viel Volumen, wenig Rendite. Reich wird mit Holz niemand mehr

Zähne, denen weder Zirbe noch Tanne widerstehen: in der Sägerei von Predlitz

GUTE IDEE MAN NICHT FÜR SICH BEHALTEN

Ein Dorf

Es dauert lange, ehe sich Gerhard Roth, der bekannte Schriftsteller und Zugereiste, den Menschen in Obergreith mit Notizblock und Kamera nähern kann. Doch schließlich öffnet sich ihm das Dorf. Und Unmittelbarkeit entsteht, die nur eines will: protokollieren. Alter, Jugend, Häuser, Feste, Feldarbeit, Einsamkeit und Tod. Momente voller Alltagsmagie

Ein Heimatmuseum hat sich das Haus des Bestatters Haintl erobert und Zimmer für Zimmer angefüllt. Die Bewohner rückten zusammen

Bald nachdem ich in Obergreith

ein Haus gemietet hatte, machte ich ausgedehnte Spaziergänge, betrat Küchen mit gemauerten, weiß verputzten oder grün gefliesten Herden, die sich wie Teile von Mikrolandschaften in den Räumen erstreckten, und fing an, Einzelheiten, die mir auffielen, zu fotografieren.

Ich sah beispielsweise Eisblumen auf einem Fenster und betrachtete sie durch das Objektiv meiner Kamera. Ich untersuchte sie nicht nach dem „schönen Bild", sondern ich lernte sie mehr oder minder durch die optische Einrichtung des Suchers „auswendig". Ich stellte fest, dass sich die Eisblumen auf diese Weise meinem Gedächtnis einprägten, und begann jetzt meine Umwelt mit Hilfe der Kamera näher zu betrachten. Ich schaute das Allergewöhnlichste neu an: Gesichter, Steine, Wolken, eine Maus in der Falle, ein Messer, das Flechtmuster eines Korbes, Schlachtblut in einem Gefäß oder Weintrauben auf dem Boden eines Fasses. Langsam und wie von selbst entstand eine Grammatik, die ein Verstehen ohne Worte möglich machte.

Nach starken Regenfällen waren die Straßen übersät von platt gefahrenen Fröschen und Kröten, im Frühjahr lagen auf den Feldern die über den Winter ausgebleichten Schalen von Kürbissen, wie Eier, aus denen prähistorische Vögel geschlüpft sind.

Das Bemerkenswerteste aber war die Stille. Wenn man sich nur eine Weile in der Gegend aufhält, ahnt man kaum, wie durchdringend und groß sie sein kann. So ungewöhnlich diese Stille ist, so abwechslungsreich ist das Leben der Bewohner aus der Nähe betrachtet – als wirft man einen Blick durch ein Mikroskop, will es scheinen, unter dem ein Wassertropfen plötzlich voller Bewegung und Leben ist.

Schon zu Beginn meines Aufenthaltes hatte ich gelbe Schilder mit roten Buchstaben gesehen, die vor der Tollwut warnten. An einem Herbsttag kam ein Nachbar vorbei, öffnete den Kofferraum seines Autos und zeigte mir vier erschossene Füchse. Er befürchtete, dass tollwütige Füchse seine Katzen und Hunde infizieren könnten und die Krankheit dadurch auf Menschen übertragen würde. Zur Zeit der Treibjagden durchstreiften die Jäger die Wälder und Maisfelder, bergauf und bergab, oft so steile Hänge hinunter, dass sich die Hunde jaulend überschlugen, und schossen auf die schwerfällig hochfliegenden Fasanen und die Hasen, die über das rote Laub flüchteten und vergeblich ihre Haken schlugen. Und natürlich auf die Füchse, die sie vor allem in ihrem Bau aufstöberten und durch die Jagdhunde heraustreiben ließen. Es ist ein erbarmungswürdiges Schauspiel.

Seit langem bin ich davon überzeugt, dass es neben der Menschheitsgeschichte auch eine Geschichte der Tierheit gibt, die nie geschrieben wird, aber die wir, ohne sie im Detail zu kennen, „wissen". Ich nahm das Schicksal der Tiere daher aufmerksam wahr: in den Ställen, im Kochtopf, als Haustiere, eingesperrt in Käfige, als Jagdtrophäen, als zappelnde Fische in ausgelassenen Teichen, als Vogelschwärme in der Luft, als Silberfischchen in einem alten Buch oder als hölzerne, vergoldete Heilig-Geist-Taube in der Kapelle.

Im ersten Frühjahr stellte der Imker, Herr Zmugg, 40 Magazine vor meinem Haus auf. In jedem dieser Magazine, erklärte er mir, befänden sich 25 000 Bienen, eine Million also insgesamt. Das Öffnen dieser Magazine, das ich zur Sicherheit aus der Ferne beobachtete, war für mich so etwas wie das Öffnen eines Kopfes, in dem man die Natur denken sieht; und der Imker selbst erinnerte mich an die Stelle in Swifts berühmtem Buch, als Gulliver auf seiner ersten Reise unter den Liliputanern erwacht.

Herr Zmugg arbeitete, anders als der ihn begleitende Sohn, ohne Kopfschutz, und mir fielen vor allem seine ruhigen, geschickten Hände auf – wie selbstständige Lebewesen, die mit ihrer Tätigkeit eine Sprache sprechen, welche ich verstehen lernen wollte. Das Beobachten der Hände ist mir geblieben, wenn sie eine spezielle Tätigkeit ausführen.

Noch ehe die letzten Früchte vom Zweig sind, legt sich oft tagelang der Herbstnebel wie eine Decke übers Tal

Es stellte sich bald heraus, dass es nicht möglich war, „nur" von Haus zu Haus zu gehen. Jeder Hof war, wenn man so will, eine Synapse in einem Nervengeflecht. Über den einen kam ich zum Karpfenteichausfischen, über den nächsten zum Kohlebergbau, den es früher in diesem Gebiet der Südsteiermark gab, über einen dritten zur Jagd, weil in einem Hof ein Teichbesitzer, im nächsten ein ehemaliger Bergmann und im übernächsten ein Jäger wohnte. Der erste lud mich zum Ausfischen ein, der zweite zeigte mir die Pläne mit dem unterirdischen Stollenverlauf, der dritte nahm mich mit zur Jagd.

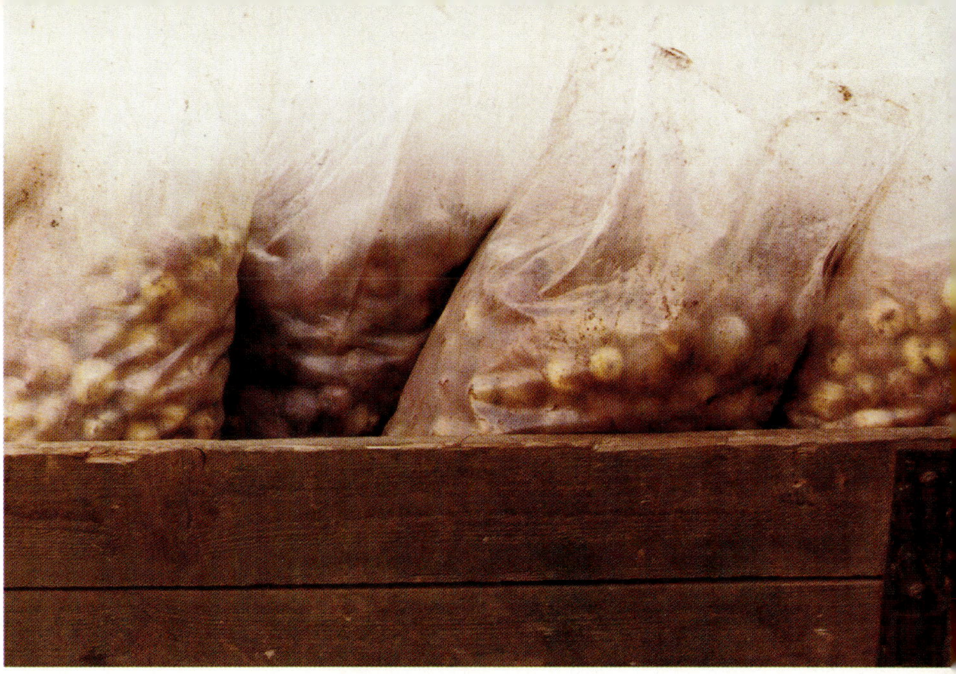

Von der Apfelernte geht einiges in die Mostgärung. Most wird immer getrunken, Wein nur an wenigen besonderen Tagen

Werner ist mit seinem zahmen Greifvogel vertraut. Tiere sind vielen Landkindern ein Ersatz für aufwändiges Spielzeug

Die Fuchsjagd gehört wie der Feuerwehrball und die Hausschlachtung zu den Höhepunkten des dörflichen Jahres

Der harte Winter haucht eisige Blumenkompositionen an die Fensterscheiben. Manche sehen aus wie Gletscher

Ich habe mich hierauf einige Jahre leidenschaftlich mit dem Bienenuniversum beschäftigt, den sechseckigen Wachszellen, den Drohnen, den Arbeitsbienen und Königinnen, die, nach den Vorstellungen des Pfarrers Gerstung, wie ich las, ein Tier aus fliegenden Zellen bildeten, das seine Form stetig veränderte – den „Bien". Der „Bien" nahm demnach einen gasförmigen Zustand ein, mit den Wachszellen als Skelett. Die Summe der Insekten stellte seine Intelligenz dar, und Königin und Drohnen waren die Geschlechtsteile des zwitterförmigen Wesens. Dieses gasförmige Tier, ohne festes Aussehen, faszinierte mich.

Herr Zmugg nahm mich in seinem Lastwagen zu anderen Magazinen mit und erzählte mir, wie er mit einem Sack, in dem sich Kunstdünger befunden hatte, einen Schwarm vom Ast eines Obstbaumes fangen wollte und dabei, da die Bienen auf den Geruch der Chemikalien mit Aggression reagierten, von Hunderten ins Gesicht gestochen wurde. Allerdings war er inzwischen, durch seine jahrelange Arbeit als Imker, gegen das Gift immun.

Einmal, im Mai, nahm er in seinem Garten auf einem Stuhl Platz, holte eine kleine Schachtel heraus, in der sich die Bienenkönigin befand, und wartete gelassen, bis sich das gesamte Insektenvolk aus dem Magazin auf seinem Körper niedergelassen hatte, ohne dass er gestochen wurde. Geschützt durch Handschuhe, eine weiße Arbeitsmontur und einen Imkerhut ließ ich mich überreden, dieses etwas überflüssige Kunststück selbst zu versuchen, das ich mit Hilfe Herrn Zmuggs erfolgreich vollbrachte.

Ich hatte damit begonnen, die Lebensläufe der alten Bäuerinnen und Bauern, die ich aufsuchte, in Notizbüchern festzuhalten. Zumeist saßen sie allein oder zu zweit in den verlassenen Häusern, die Jungen arbeiteten auf dem Feld oder im Stall, und die Kinder gingen zur Schule.

Manchmal zeigte man mir alte Fotografien, die für mich wie archäologische Funde aus der Dorfgeschichte in den vergangenen hundert Jahren waren. Jeder „Augenblicks-Scherben" war ein Teil aus einem größeren Zusammenhang, aus einem Muster oder einem Bild, das ich mit der Zeit rekonstruierte oder als Fragment belassen musste.

Die Alten erzählten, wie sie in Küchen und Stuben als achtköpfige Familie gelebt hatten, die Kinder oder Großeltern schliefen auf den gemauerten Öfen. Gegessen wurde abends und morgens Sterz (eine Art Polenta), zu Mittag Gemüsesuppe, eine Teigspeise oder was Feld und Garten gerade hergaben. Im Winter wurde ein fettes Schwein geschlachtet, das Fleisch für Sonntage.

Zumeist wurde die Wanzen-, Flöhe- und Läuseplage beklagt, andere Häuser waren voll von Schaben. Eine Bäuerin erzählte mir, dass sie neun Geschwister hatte, von denen fünf im Kindesalter an Lungenentzündung starben, weil der aus Lehm gestampfte Boden feucht und kalt war und die Kinder barfuß herumliefen. Sie selbst erkrankte an Diphtherie. Es gab keine Krankenkasse, kein Auto, keine Straße. Die Ärztin benötigte sechs Gehstunden für den Hin- und Rückweg, und ihr Besuch und die Medikamente kosteten den Gegenwert einer Kuh. Natürlich zog man es vor, Hausmittel anzuwenden, wenn jemand krank wurde.

Die Knechte schliefen bei den Tieren im Stall, die Mägde auf den Dachböden. Ihr Besitz hatte zumeist in einem großen Tuch Platz. Kinderarbeit war selbstverständlich. Ein Bauer berichtete, wie er als Jugendlicher zusammen mit seinem Bruder auf der Tenne schlief. Um sich vor der kalten Winterluft zu schützen, habe er sich die Decke über den Kopf gezogen. Am nächsten Morgen hatte sein Atem einen Eiszapfen auf dem Tuch gebildet.

Das Interesse des Nachbarn, eine freundliche Zuwendung, ist das Besondere im Alltäglichen

Vor dem Zweiten Weltkrieg waren die meisten Bauern verschuldet. Die Nationalsozialisten „bereinigten" das Problem – sie brachten die Kinderbeihilfe, erließen die Steuerschulden, und über Nacht verschwanden die Arbeitslosen, die bettelnd das Land überflutet hatten, zum Militär. Fast alle hatten 1939 für den Anschluss an das nationalsozialistische Deutschland gestimmt, nur eine Frau in Gasselsdorf nicht, auf deren Scheune am nächsten Tag in weißer Farbe: „Dieses Schwein wählt NEIN" zu lesen war. Die Frau übermalte die Aufschrift, die aber fand sich am folgenden Morgen auf der Tenne wieder. Dort blieb sie bis Kriegsende stehen. Einige Wochen später wurde die Frau amtlich aufgefordert, die Schrift zu entfernen. Als sie sich damit zu lange Zeit ließ, war über Nacht die ominöse Beschimpfung wie von Zauberhand verschwunden.

Obwohl es kaum einen Hof gab, in dem nicht ein Familienmitglied gefallen oder vermisst war, fand sich selten jemand, der sich mit den Verbrechen des Nationalsozialismus auseinandersetzte. Gesehen wurde oft nur das eigene Leid. Bei den meisten Menschen setzte an diesem Punkt das Denken aus, und die wenigen, die in den Widerstand gegangen waren und mit den Partisanen gemeinsame Sache gemacht hatten, hielten es für klüger, sich

Der alte Mautner verstand sich als Medizinmann. Landleute laufen nicht sofort zum Doktor. Sie kennen die Kräfte der Natur

Juliane Rannegger kocht, was Feld und Garten hergeben, und der alte Herd strahlt wohlige Wärme ins ganze Haus

dem allgemeinen Schweigen über die scheinbar vergangene Geschichte anzuschließen.

Selbstverständlich lernte ich manche Bewohner besser kennen und manche weniger oder überhaupt nicht. Es entwickelten sich nähere Bekanntschaften, sogar Freundschaft, aber es vertieften sich andererseits auch Misstrauen und Ablehnung. Die ganze Zeit über aber war mir, als würde ich tiefer und tiefer in eine wenig bekannte Lebens- und Denkweise vorstoßen, auf einer Expedition in einen kaum erforschten Teil der Psyche. Ich hörte manchen Alten tagelang zu. Jeder hatte seine Eigenart, und erst allmählich begann ich sie zu fotografieren, immer nur aus der Nähe, nachdem ich zuerst mit ihnen geredet hatte.

Nach und nach fotografierte ich die übrigen Dorfbewohner – bei Begegnungen vor dem Kaufhaus, auf dem Feld, im Garten, vor dem Rüsthaus der Feuerwehr und vor der Kirche, bei der Arbeit, auf der Jagd und beim Fischfang, bei Festen und Zusammenkünften. Den Totengräber nahm ich auf, wie er aus dem frisch ausgehobenen Grab herausspähte, den Pfarrer, als er gerade die in blaues Packpapier gewickelten Kirchenbücher aus dem Schrank nahm – es waren Aufzeichnungen über „tote Seelen".

Unmittelbar in meiner Nachbarschaft wohnte das Ehepaar Kürbisch, beide an die 70 Jahre alt. Sie besaßen weder Fließwasser noch elektrischen Strom. Die Küche war für sie Schlaf- und Aufenthaltsraum. In einem Korb brüteten Hühner. Katzen saßen auf der Ofenbank, ein Hund schlief in einem der Betten. Die Küche war dunkel, eine Maismehlmaschine stand vor einem der kleinen Fenster. Der Kürbisch war ein Wanderknecht, seine Frau eine Magd. Beide verstand ich kaum, da sie einen extremen Dialekt sprachen.

Es gab die verschiedensten Arbeiten, die im Laufe eines Jahres verrichtet wurden: das Fällen und Setzen von Bäumen, das Ausbessern von Geräten und Reparieren von landwirtschaftlichen Maschinen, das Schlachten eines Kalbs oder Schweins, das Einsammeln von Eiern. Die späten Äpfel im Herbst waren mit einer Stange vom Baum zu schlagen, Dachstühle wurden ausgebessert, ein Wünschelrutengänger suchte Wasser, das Unkraut im Garten war zu jäten, Obst aufzuklauben, die Erde zu pflügen.

Am liebsten war mir das „Woazschälen", das im Haus, das ich gemietet hatte, jedes Jahr vonstatten ging. Der Besitzer schnitt den Mais und leerte die Fuhre mit Kolben in den Vorraum und in die Küche. Für einen Tag und einen Abend stand der Mais kniehoch in den Räumen und verbreitete seinen süßlichen Geruch. Am Abend wurden vom Nachbarn die Federn abgezogen und die Kolben zu Striezeln gebunden, ein Bursche trug sie im Korb auf den Dachboden, wo sie an die Sparren geknüpft oder zu einem Haufen zusammengeschüttet wurden. Den ganzen Winter über lag der schöne, gelbe Mais auf dem Dachboden; selbstverständlich kamen in der Nacht die Mäuse und raschelten und lärmten, aber ich gewöhnte mich daran.

Erst zum Schluss fing ich an, die Landschaft zu fotografieren. Das Auffälligste waren die Hügel. Geht man zwischen den Erhebungen in einen Graben, so hat man das Gefühl der Schwere. Die Erde ringsum wächst. Im Sommer taucht man tief in das Grün, sinkt im Gewässer der Landschaft auf den Grund. Geht man aber bergauf, so hat es etwas mit Auftauchen zu tun. Langsam steigt man wieder näher, zum Himmel, zum Licht. Auf dem Kamm der Welle dann ist der Ausblick oft frei bis zu einem weiten Horizont, an dem die Berge durchsichtig zu sein scheinen und ineinander übergehen. Auch der Anblick des Himmels ist ungewöhnlich. Er ist überall: durch die Fenster, die Stalltüren, zwischen Ästen, auf der Oberfläche der Karpfenteiche zeigt er sich. Stetig ist er in Veränderung. Von den Hügeln aus sieht man es in der Ferne regnen oder schneien, während über dem eigenen Kopf noch die Sonne steht. Still ruht der Himmel über einer stillen Landschaft.

Imker Zmugg lässt das Bienenvolk in aller Seelenruhe auf sich Platz nehmen. Gegen Stiche ist er längst immun

Die Stille ist von vollendeter Gleichgültigkeit. Man kann an ihr ersticken, sie genießen, mit sich selbst sprechen, aber man entkommt ihr genauso wenig wie dem Himmel. Sie ist vielleicht ein winziges Staubkörnchen dessen, was man unter Ewigkeit versteht. Auch wenn sich alles unaufhörlich vom ursprünglich Ländlichen in das Vorstädtische verwandelt: die Häuser, die Möbel, die Zäune, die Gärten, die Straßen – so hat sich die Stille nur wenig verändert. Sie hält die Zeit an, so lange sie herrscht. Erst wenn sie den Geräuschen, dem Lärm gewichen ist, wird sich auch die Langsamkeit der Zeit mit ihr aufgelöst haben.

Gerhard Roth, *mit vielen Preisen ausgezeichneter Schriftsteller und Dramatiker, hat von 1977 an seine Nachbarschaft in der Südsteiermark porträtiert. Aus diesen sensiblen Bildern und schriftlichen Aufzeichnungen entstanden „Die Photo-Notizbücher" (Springer, Wien).*

Eine Kindheit auf dem Lande ist wohl behütet, doch auch für die verträumte Anita nicht immer abwechslungsreich

Im Herbst hocken viele Bauersfrauen auf den Feldern. Sie hacken die Kürbisfrüchte auf und holen die Kerne heraus

WILLKOMMEN BEI ETWAS WIRKLICH, WAHR

DIESER MAGISCHE NIL, DER WELT LÄNGSTER FLUSS, KÖNNTE DEN GANZEN WEG DIREKT IN IHR HERZ FLIESSEN.

Wer hat noch nie davon geträumt, dem Alltag wie durch Zauberhand zu entfliehen, weit weg in ein mystisches Land voll unsagbarer Schätze und uralter Königreiche? Ein Traum, der für einige wenige wahr werden kann. Stellen Sie sich vor, Sie gleiten durch sanft schimmerndes Mondlicht, an Deck eines luxuriösen Kreuzfahrtschiffes. Versunken in den Anblick des gleichen atemberaubenden Sternenhimmels, den wohl jede Pharaonenbraut in ihrer Hochzeitsnacht befragt hat.

Sie genießen die klare Stille des frühen Morgens, wenn Segel setzende Felukken-Boote und palmenbewachsene Ufer in weiches, romantisches Licht getaucht sind. In solchen Momenten wird sich Ihnen die ganze Schönheit und Einzigartigkeit von siebentausend Jahren Geschichte offenbaren.

Sie erwarten bereits ungeduldig Ihren Ausflug ins Tal der Könige oder den Augenblick, in dem Sie endlich die Ehrfurcht gebietenden Säulen des Großen Tempels in Karnak berühren können. Und als Höhepunkt Ihrer Nil-Odyssee wären Sie unser

NILKREUZ

HAFTIG UND VERRÜCKT ROMANTISCHEM.

Im Kern eine echte Köstlichkeit

Der steirische Kürbis birgt unter seiner dicken Schale eine Delikatesse: schalenlose Kerne, aus denen sich ein unvergleichlich nussiges Öl gewinnen lässt. Entkernen, Rösten Mahlen, Pressen sind zwar aufwändig – doch reicher Geschmack belohnt die harte Arbeit

Der Star auf steirischen Feldern im Herbst: Gelb und grün sind seine Signalfarben

Text: Jürgen König

Franz Wagner hatte das Unglück kommen sehen, als mit Blitz und Donner eine schwefelgelbe Gewitterwand herantrieb. Das war in den Nachmittagsstunden des 1. Juni 1999, einem Dienstag, und Franz Wagner stand mit seiner Frau Maria am Fenster und konnte nur hoffen, dass es so schlimm nicht werden würde. Doch nicht einmal Beten half. Genau über dem Raabtal zerbarsten die dunklen Wolken, taubeneigroße Eisklumpen prasselten auf die Felder rund um die Riegersburg. Als nach wenigen Minuten der Himmel wieder blau war, gingen die Wagners hinaus und wussten, dass es für sie in diesem Jahr kein Öl aus eigenem Anbau geben würde. Der Hagel hatte das Kürbiskraut samt Blütenstand zu matschigem Kompost zerhäckselt.

Im Jahr darauf gibt es keinen Hagel, und dennoch sind die Bauern in der Südoststeiermark zwischen Graz, Fürstenfeld und Radkersburg an der slowenischen Grenze mit der Ernte nicht zufrieden. Der steirische Ölkürbis *(cucurbita pepo L. convar. pepo var styriaca)* ist nämlich ein ziemlich zickiges Früchtchen: Entweder ist es ihm zu trocken oder zu nass, gleichmäßige Wärme behagt ihm, Kälte überhaupt nicht.

Diesmal war's im Sommer zu trocken, und die gelb-grün gesprenkelten *Plutzer*, wie die Steirer ihre Kürbisse nennen, geraten bis zur Ernte Anfang Oktober mancherorts etwas klein. Das verdrießt die Bauern, weil nur kapitale Kürbisse mit einem Gewicht von bis zu zehn Kilogramm auch eine üppige Ausbeute an Kernen versprechen. Und je mehr Kerne, desto mehr Öl.

Egal, welchen Weg – in der Südoststeiermark fährt man immer auf der „Ölspur". In diesem Fall ein ganz gefahrloses Vergnügen, und im Spätsommer ein beschauliches, weil die Kürbisfelder prallgelbe Kleckse ins hügelige Wald- und Wieseneinerlei malen. Meistens sind die Anbauflächen kaum größer als ein Hektar, zu fast jedem bäuerlichen Anwesen gehört ein Kürbisfeld, und vor den meisten Häusern hängen Schilder: „Kernöl". Rund 10000 Landwirte bauen Ölkürbis an, für etwa 5000 ist er Existenzgrundlage.

Etwas Außergewöhnliches mit dem Synonym „Gold" in Verbindung zu bringen, haben auch die Steirer längst gelernt. Da echtes steirisches Kürbiskernöl wirklich von einzigartiger Qualität ist, wird es zum „Grünen Gold".

In Feldbach steht die älteste Ölmühle der Steiermark. „Kernöl läuft gut", sagt Fritz Clement, ein Müller von altem Schrot und Korn. Besucher sind ihm willkommen. Wer den steilen Aufstieg über eine schmale Holztreppe bis zum Dachboden nicht scheut, kann den Prozess der Ölgewinnung miterleben.

Unterm Dach des spitzgiebeligen, lang hingestreckten 100-jährigen Gebäudes zappeln die Treibriemen, die über gusseiserne Transmissionsscheiben laufen und die beiden Ölsteine (Mühlsteine) auf Trab halten. Getrocknete, zuvor in Jutesäcken gelagerte Kürbiskerne sausen fein geschrotet durch einen hölzernen Schacht ins Erdgeschoss, wo sie in Bottichen aufgefangen und mit Wasser zu einem dickflüssigen Brei, dem Ölmehl, vermischt werden.

Der folgende Arbeitsgang verlangt Erfahrung und ein glückliches Händchen, was Rupert Stradner, der Ölpresser, hat. Er schippt das Ölmehl in die Röstpfanne, die wie Anno dazumal mit Holz befeuert wird. Während des halbstündigen Röstens „verdampft" das Wasser bei maximal 60 Grad. Stradners „Thermometer" ist seine Hand, die er von Zeit zu Zeit in den heißen Brei versenkt. „Die Temperatur", sagt er, „ist richtig, solang's die Hand noch derleid't".

Der so gewonnene Ölsterz, eine nahezu trockene, bröselige Masse, häuft sich in der Presse, einem aufrecht stehenden Eisenzylinder. Jede Schaufelladung wird mit einer Stahlplatte abgedeckt, um den Druck auf den Ölsterz zu optimieren. Währenddessen rattert der Dieselmotor (Baujahr 1900), der den nötigen Druck von bis zu 300 atü aufbaut. Zitternd und bebend taucht der hydraulisch bewegte Eisenkolben in den Zylinder und gibt Druck auf die zuoberst liegende Platte. Der betagte Diesel schüttelt sich wie in Krämpfen und versorgt die Presse über eine Hydraulik mit dem nötigen Druck.

Ölpresse und Mahlwerk entsprechen schon längst nicht mehr heutigem Standard. Da aber auch moderne und teure Technik im Prinzip auf dem jahrzehntelang bewährten System fußt, belässt es Fritz Clement beim Alten, auch wenn der Sicherheitsprüfer der Berufsgenossenschaft deswegen unglücklich dreinschaut. Clements Ölmühle ist eigentlich ein Museum – aber eins von existenzieller Bedeutung für seine Familie. Und die Kürbisbauern rundum sind froh, dass es so etwas überhaupt noch gibt.

Das Kernöl fließt sämig und dunkelgrün, fast schwarz. Ölpresser Rupert Stradner wischt mit dem Zeigefinger quer durch den Ölstrahl, leckt an der Fingerkuppe, nickt zufrieden. Als die etwa 30 Kilo Ölsterz bis zum letzten Tropfen ausgepresst sind, ist der Eimer fast randvoll: 10 Liter Kernöl!

Nach der Pressung wird das Öl mindestens eine Woche in Edelstahltanks lagern, bevor es in die Flaschen kommt. Erst dann entfaltet sich der nussige Geschmack. Die ausgepressten Kürbiskerne, der Ölkuchen, bleiben als knochenharte Platten und finden ihre Abnehmer in steirischen Konditoreien, als Teig-Basis für den Kürbiskuchen. Der Großteil jedoch wird in der Clement-Mühle zu Tierfutter verarbeitet. Auch Angler schätzen den Ölkuchen – als Fischköder. Karpfen sollen besonders scharf darauf sein.

Steirische Speiseöle: Die Königin der Küche aber ist die grüngoldene Essenz, das Kürbiskernöl

Natürlich wachsen nicht nur in der Steiermark Kürbisse, weltweit gibt es immerhin mehr als 150 Arten. Doch was der steirische Kürbis als Ölquelle allen anderen voraus hat, verdankt er einem Zufall und zwei Faktoren, die sein Wachstum begünstigen. Die Geschichte, dass einem steirischen Bäuerlein vor mehr als 100 Jahren durch geduldige Versuche die Züchtung eines Kürbis mit schalenlosen Kernen gelungen sei, ist zwar hübsch, aber durch nichts belegt. Wahrscheinlich ist, dass sich Ende des 19. Jahrhunderts eine Kürbis-Mutation auf den Feldern der Südoststeiermark breit machte, dessen Kerne in ein hauchdünnes Häutchen gebettet waren und folglich nicht mehr in mühsamer Handarbeit *ausgeheppelt* (enthülst) werden mussten. Die Freude der Bauern war umso größer, als die *unschoaleten* (schalenlosen) Kerne mit einem Ölgehalt von mehr als 50 Prozent ein gutes Geschäft versprachen. Als dem Wachstum förderliche Faktoren kamen das pannonische Klima – also eines mit günstiger Mischung aus vielen Sonnentagen und ausreichendem Regen – sowie der lehmig-sandige Boden hinzu, der dem *cucurbita pepo styriaca* so sehr behagt. Obwohl das „Ausheppeln" mit der zunehmenden Verbreitung des neuen Kürbis-Typus überflüssig geworden war, blieb noch genügend Handarbeit, um die bis zu 1000 Kerne aus den fleischigen, mit einer ledrigen Haut geschützten Früchten zu pulen. Die *Plutzer* mussten *ausgebatzelt* werden: Sie wurden in Hälften geschnitten, und dann wühlten die Finger so lange in dem faserigen Matsch, bis alle Kerne entfernt waren.

Vor etwa drei Jahrzehnten gelang einer steirischen Tüftler-Gemeinschaft die Entwicklung einer Maschine, die vier Arbeitsgänge erledigt: Über eine mit Stacheln bewehrte Trommel spießt sie die *Plutzer* auf, schneidet sie in Stücke, separiert die Kerne und spuckt die Kürbisreste aus, die als Dünger auf den Feldern verrotten.

Franz und Maria Wagner, in diesem Jahr vom Hagel verschont geblieben und auf eine satte Ernte hoffend, bleiben bei der herkömmlichen Methode. Auf ihrem kleinen Feld würde sich eine Maschine nicht rechnen. Vor allem aber ist der Kürbis für Franz Wagner eine Frucht, die es verdient, auf Händen getragen zu werden: „Eine Maschin' kommt mir nicht aufs Feld. Ich sammel die Plutzer auf, meine Frau tut's ausbatzln und die Kern' werden getrocknet von der Sonne auf der guten Seite. So soll's auch bleiben."

Und wenn die Kerne getrocknet sind, bringt sie der Wagner Franz zur Clement-Mühle ins nahe Feldbach zum Pressen und bekommt für drei Kilo Kerne einen Liter Kernöl. Bei seiner Ernte macht das ungefähr 75 Liter. Fünf Liter übers Jahr verbrauchen die Wagners selbst, den Rest verkaufen sie, den Liter zu 200 Schilling. Das Geld können sie zusätzlich zur schmalen Rente gut gebrauchen.

„Original Steirisches Kernöl" findet sich europaweit in den Regalen von Supermärkten. Wenn Spitzenqualität produziert und entsprechend bezahlt wird, gibt es schnell Nachahmer, die mit Etikettenschwindel Geschäfte machen. Denn obwohl naturbelassenes steirisches Kernöl relativ teuer ist, die Gewinnspannen wegen der arbeitsaufwändigen Herstellung nicht sehr hoch, machen Öl-Fälscher ihren Reibach, indem sie dem reinen Kernöl „verlängernde" Billigöle beimischen oder Kürbiskernöle unbekannter Herkunft verwenden. Darum wird jede Flasche echten steirischen Kürbiskernöls mit dem Zusatz „g.g.A." (geschützte geographische Angabe) gekennzeichnet.

Es gibt noch sicherere Merkmale: Hochwertiges steirisches Kernöl schmeckt nussig, riecht angenehm und ist, auf einem weißen Teller geschwenkt, von kastanienbrauner Färbung, die an den Rändern in ein mildes Olivgrün zerfließt. Auf ein Sa-

Fotos: Gregor Lengler, Lois Lammerhuber

latblatt geträufelt, muss der Tropfen haften bleiben.

Etwa zwei Millionen Liter Kernöl produzieren die 58 in der Steiermark lizenzierten Ölmühlen im Jahr. Sie unterliegen strengen Qualitätsprüfungen; und dass auch nur eine von ihnen Fusel unter die Leute bringt, ist eher unwahrscheinlich. Denn mit Qualität kann man immer noch die besten Geschäfte machen. Spitzenköche haben Kürbiskernöl längst für die feine Küche entdeckt, als schmackhafte Beigabe zu Suppen, Salaten und Gemüsen. Ärzte raten dem vom Prostata-Adenom bedrohten Mann um die Fünfzig zum regelmäßigen Konsum von Kürbiskernöl oder Kürbiskernen. Und: Kernöl ist absolut cholesterinfrei. Um den hohen Qualitätsanspruch zu festigen, werden von der „Arbeitsgemeinschaft der Kürbisbauern" drei Sorten von Saatgut empfohlen, die mit den Namen „Sepp", „Wies 371" und „Gleisdorfer Ölkürbis" kenntlich gemacht sind.

Trotz Fortschritt und Regelwerk halten sich Bräuche und Rituale, die seit Generationen überliefert sind und die als unverzichtbar gelten, soll die Ernte gut werden. So gehört es sich für die traditionsbewusste Bäuerin, dass sie sich nach dem Setzen der Kürbiskerne in den ersten Maitagen einer raschen Gangart befleißigt und vor allem breitbeinig über den Setzstellen hin- und herläuft, damit sich die Ranken ausbreiten und die Früchte im Herbst zahlreich und groß geraten.

Ein gleichfalls beliebter Brauch ist das „Lügen". Die Wahrheit ist nämlich schieres Gift für das Gelingen der Aussaat, und wer als ahnungloser Tourist zur Zeit der Eisheiligen Bonifatius und Servatius eine Kürbis säende Bäuerin nach dem Weg fragt, der sollte sich vorsehen. Er muss damit rechnen, in die Irre geführt zu werden.

Jürgen König, *freier Journalist, lebt in Oberbayern.*

MERIAN TIPP KERNÖL

Steirisches Kürbiskernöl ist – anders als industriell raffinierte pflanzliche Öle – ein naturbelassenes Öl mit einem hohen Gehalt an ungesättigten Fettsäuren, Vitamin E, vielen Mineralstoffen und Spurenelementen. „Sonstige Zutaten" sind nicht enthalten. Das Öl macht sich hervorragend in allen Salaten, ist jedoch nicht geeignet zum Braten und Frittieren, weil dabei die wertvollen Inhaltsstoffe nicht erhalten bleiben. Die Haltbarkeit des Öls wird meistens mit neun Monaten angegeben. Es lässt sich aber durchaus länger aufbewahren, wenn es gut verschlossen vor Licht geschützt und bei einer Temperatur von nicht mehr als ca. 10° C gelagert wird. Direkt aus dem Kühlschrank genommen, kann Kernöl jedoch nicht sein volles Aroma entfalten

ÖLMÜHLEN

Bad Gams
FARMER-RABENSTEIN
Furth 8, Tel. und Fax (034 63) 31 07, E-Mail: schilcherkeller @datawest.co.at I 6

Deutsch Goritz
PECHMANNS ALTE ÖLMÜHLE
Ratschendorf 188, Tel. (034 74) 73 50, Fax 735 04 L 6

Deutschlandsberg
ÖLMÜHLE HAMLITSCH
Obere Schmiedgasse 18, Tel. (034 62) 23 86, E-Mail: kuerbis kernoel@hamlitsch.at I 6

LEOPOLDS ÖLKUCHL
Frauentalerstraße 120, Telefon (034 62) 22 94, Fax 22 94 15

Feldbach
ÖLMÜHLE CLEMENT
Brückenkopfgasse 11, Telefon (031 52) 286 30 u. Fax 28 63 74, Website: www.clement.at, E-Mail: kernoel@clement.at L 5

Heimschuh
HARTLIEB MÜHLE
Nr. 107, Telefon (034 52) 825 51, Fax 847 56, E-Mail: hartlieb. kernoel@styria.com K 6

Mureck
HUBERT SIXT
Oberrakitsch 115, Telefon (034 72) 86 78, E-Mail: sixtoel @direkt.at, Mo-Fr 9-12 und 14-18, Sa 9-14 Uhr L 6

Pöllau
ÖLMÜHLE FANDLER
Prätis 1, Tel. (033 35) 22 63, Fax 226 35, Website: www.fandler /oil.com, E-Mail: info@fand ler/oil.com Führungen nach Voranmeldung **L 3**

Übersbach
KLEINSCHUSTER
Hauptstraße, Telefon (033 87) 32 57, Fax 20 46, E-Mail: oel muehle-kleinschuster@uta net. at M 5

St. Martin
ÖLMÜHLE LORENZ
Sulb 35 a, Telefon (034 65) 70 36 36, Fax 70 36 37 I 6

Stainz
ÖLMÜHLE HERBERSDORF
Herbersdorf 7, Tel. (034 63) 700 02, E-Mail: gde@rassach. steiermark. at I 6

MUSEUM

Preding
KÜRBISMÜHLENMUSEUM
Predinger Markt
Telefon (031 85) 22 22, Besuch nach Vereinbarung K 6

Rassach/Lasselsdorf
STEIRISCHE ÖLSPUR
Telefon (031 36) 832 00 u. Fax 83 20 04, E-Mail: steirische@ oelspur.com I 6 Die „Steirische Ölspur" bündelt in der Weststeiermark alle touristischen und kulturellen Aktivitäten rund um das Öl. Informationen u. a. über „Ölspur-Radrundfahrten" (30-90 km), das „Erstpressfest" (jährlich im Okt.) in Herbersdorf, die „Kürwiestage" (alle geraden Jahre im Okt.) und über die Wieser Versuchsstation für Spezialkulturen, die ca. 300 Kürbissorten unterscheidet

BUCHTIPPS

Herbert Paukert: Kürbis- und Kernölkochbuch, Vlg. für Sammler, Graz, 23 DM

Erika Seidl: Kochen mit steirischen Kürbiskernen und Kürbiskernöl, Ludersdorf, 39,90 DM

Der Kürbis, die gerösteten Kerne, das Öl und der Ölkuchen: voneinander separiert in der Ölmühle Clement

Wo die Stille

Gerahmt von Dachsteinmassiv und Totem Gebirge bietet das Ausseer Land eine Bühne für großes Seen- und Bergtheater. Imposant, doch lautlos und geheimnisvoll präsentiert sich hier eine klassische Winterlandschaft

Text: Ursula Harbrecht, Fotos: Dorothea Schmid

Der Altausseer See – ein Wintermärchen in Einsamkeit. Verhangen der Himmel, verschneit der See, verschlossen das Bootshaus

Die knackende Kälte bleibt draußen. Seewirt Leo und der kleine Jannik in Altaussee

Zaunpfähle tragen weiße Kappen. Fichtenzweige biegen sich unter dicken Schneepolstern. Schwarzblau schimmert der See, an dessen Rändern eine Eiskruste wächst. Die steile Trisselwand erhebt sich weiß überpudert. Zwischen Baumlücken glitzert silbrig und unwirklich schön der ferne Dachsteingletscher.

Winteridylle am Altausseer See. Himmelsstille. Wir hören nichts bis auf das Knirschen unserer Schritte im Schnee. Nur am Steilufer unterhalb des Loser-Gipfels schimpft wie immer eine Krähe. Gesehen haben wir sie noch nie, deshalb glauben wir inzwischen, dass sie der Geist jener Anna Kain sein muss, die hier, so steht's auf der Votivtafel, am 17. Oktober 1777 von ihrer Kuh in den See geschubst wurde und ertrank.

Vorsichtig rutschen wir über die vereiste, schlecht gesicherte Gefahrenstelle. Stille kann bedrückend sein, Ängste auslösen. Stille, so hat ein berühmter Musiker gesagt, kann auch Musik sein. Man muss nicht das absolute Gehör eines Musikers haben, um dieses tiefe Schweigen am Ufer des Sees als Ohrenschmaus zu empfinden. Sie ist Balsam für den von Großstadtlärm malträtierten Gehörsinn.

Wir kommen stets im Winter. Wegen des Winters. Weil wir in einer Region leben, wo sich die kalte Jahreszeit als graues, lauwarmes Leiden über Monate hinzieht. Wir wählen das Ausseer Land, weil hier die weiße Saison noch nicht gänzlich dem Diktat des Skisports unterworfen ist. Denn wir brauchen für Bergwinterglück nicht unbedingt Bretter unter den Füssen. Und ziehen es vor, morgens von Entengeschnatter als vom brutalen Lärm der Skistiefelträger geweckt zu werden, die im Hoteltreppenhaus jedesmal ein Erdbeben auslösen, wenn sie gen Piste poltern. Ganz abgesehen davon, dass wir zu den Menschen gehören, die Kirchen von außen, Wirtshäuser von innen und Berge von unten lieben, vor allem, wenn sie ihren dicken, weißen Winterpelz tragen.

Das ist im Ausseer Land garantiert. Denn es gilt als Schneeloch, weil der berühmt-berüchtigte Schnürlregen

Fahle Wintersonne bricht sich an der Eisdecke des Grundlsees

des Salzkammerguts, der schon so manchem Gast die Sommerferien verdorben hat, im Winter tiefgefroren auf die Erde rieselt. Oftmals in solchen Mengen, dass die freigeschaufelten Wege zu weißen Tunneln werden und am Loser noch im April sechs, sieben Meter Schnee liegen können.

Es interessiert uns wenig, was im Winter an den Loser-Hängen liegt oder läuft. Denn so richtig haben wir es den Ausseern nicht verziehen, dass sie ausgerechnet diesen Charakterberg dem Skilaufen geopfert haben. Abfahrten, Lifte haben sie ihm aufgezwungen. Und obendrein diese (mautpflichtige) Panoramastraße, die motorisierten Touristen sommers wie winters das Vergnügen verschafft, den Altausseer See von ganz oben zu bewundern. Wo doch die Froschperspektive die schönere ist, weil es auf dem fast sieben Kilometer langen Seerundweg bei paradiesischer Stille keinen Zentimeter Langeweile gibt.

Je tiefer die Temperaturen, desto höher unser Glücksgefühl. Denn dann frieren die Seen zu. Höhepunkt winterlicher „Aussee-ligkeit". Und keineswegs in jeder Saison zu erleben. Sie beginnt damit, dass entlang der Uferpromenade plötzlich Schuhe und Stiefel stehen.

Wenn der See zugefroren ist, gibt's für die Einheimischen kein Halten mehr. Sie verlassen ihre warmen Kachelöfen und ziehen auf den See, mit Kind, Oma und Hund. Auf Schlittschuhen, Skiern, Schlitten, Fahrrädern oder im Kinderwagen. Sie flitzen, tanzen, gleiten über die spiegelglatte Fläche, und die Stille füllt sich mit Lachen, Jauchzen und dem Gejohle der Eisstockschützen, die unter dem Einfluss hochprozentigen Zielwassers und gut isoliert in ihren Filzstiefeln einen geschlagenen Tag lang auf der kalten Fläche ausharren. Steht auch noch die Sonne am kristallblauen Himmel, erwacht die monochromweiße Winterlandschaft endgültig aus ihrer Erstarrung. Ein begnadeter Moment, der auf distanzierte Beobachter so wirkt, als wär's ein Video-Film von Brueghel.

Altausseer See? Wo liegt der denn? Wie oft haben wir diese Frage gehört, wenn wir von unserem stillen Ferienglück im Ausseer Land schwärmten. Zugegeben: Das, was sich großspurig Land nennt, ist in Wirklichkeit ein Flohstich auf Österreichs Landkarte. Verloren zwischen dem Toten Gebirge und dem Dachstein, im Abseits wichtiger Verkehrsverbindungen. Das Land, wo Stille zur Musik wird, ist ein geräumiger, lieblicher Talkessel. Gerahmt von mittelhohen Bergen mit samtdunklen Waldhängen, durchzogen von sprudelnden Gebirgsflüssen, die der Einfachheit halber alle Traun heißen und fünf Seen nähren, die wie Perlen zwischen den Bergen schimmern: Altausseer, Grundl-, Toplitz-, Kammer- und Ödensee. Seen, die – bis auf den lang gestreckten Grundlsee – ihren Ufern Autos verweigern. Und das ist fast schon das Spektakulärste an dieser Bergregion, die nichts Schroffes, nichts Einengendes hat. Eine Landschaft von ungewöhnlicher Harmonie.

Politisch gehört die Region zur Steiermark, topographisch jedoch zum Salzkammergut, dem sie wegen ihrer reichen Salzlager immer auch wirtschaftlich verbunden war. „Das

Die Traun rauscht und die Schneeflocken tanzen. Aber die Zeit steht still in Altaussee

Farben und Formen von Wasser und Winter. Eine Komposition auf dem Kammersee

Ausseer Land liegt außerhalb der beiden österreichischen Länder Steiermark und Oberösterreich, wird aber von ihnen wie ein wertvoller Stein im Ring von beiden Seiten umfasst." Mit dieser poetischen Version hatte die schriftstellernde Gräfin Johanna zu Eltz (1875–1957) die Region gut getroffen.

Das Ausseer Land ist also eine Insel. Und sehr darauf bedacht, eine zu sein. Anders zu sein als die Nachbarschaft. Klein, aber fein und unverfälscht. Trotzig-trutzig, traditionsverbunden, äußerst selbstbewusst und alles andere als hinterwäldlerisch hat sich der nordwestliche Zipfel der Steiermark seine kulturelle Eigenständigkeit bis heute bewahrt. Auch als Fremdenregion. Kein Massentourismus – also keine Bettenburgen, kein Fast Food. Statt der Fitness-Wege eine „Via artis", wo der Fremde wandernd viel über Österreichs Kulturgeschichte erfahren kann. Statt Karaoke Dichterlesungen und Volksmusik.

Ob die Musik volkstümlich oder Volkstum sei, wollte ein Gast wissen, bevor er im Gasthaus Loser, wo jeden Donnerstagabend die „Altausseer Schützenmusi" aufspielt, einen Tisch reservierte. „Auf Zillertaler Buben machen wir nicht, Verstärker gibt's bei uns nicht", beruhigte ihn der Wirt Hans Glaser. Der am Musi-Abend ins Schwitzen kommt, weil er zwischen dem Servieren von Knödelsuppe und Seesaibling immer wieder zur Bassgeige oder Seitelpfeife greift, um die flotte Rentnerband zu verstärken. Mit 88 Jahren ist Seitelpfeifer Hans Stöckel, ehemals Salinenarbeiter, der betagteste der Musikanten. Glasers Tipp, zum Frühstück ein Schnapserl zu trinken, weil er so 100 werden würde, lehnt Stöckel ab. Er wolle älter werden.

Im Ausseer Land ist Brauchtum nicht zu billiger, kitschiger Alpenfolklore mit dem Stempel „Made in China" auf der Rückseite verkommen. „Bei uns gibt's keinen Trachtenverein, den brauchen wir nicht. Wir müssen keine Traditionspflege betreiben, weil Tracht unser natürliches Gewand ist", sagt Alexander Reiter, Inhaber von „Leithner Hüte" in Bad Aussee, gegründet 1532. Der Dreißigjährige ist einer der fünf letzten Hutmacher, die in Österreich überhaupt noch Trachtenhüte von Hand herstellen. Selbst die „Steirische Eiche", Arnold Schwarzenegger, trägt in der Neuen Welt Traditionsfilz von Leithner.

Wenn man hört, dass gestandene Männer, darunter Top-Manager aus Deutschland, geduldig ein Jahr lang warten, bis sie in ihre neue Original-Ausseer Lederhose steigen können, muss man sich um die Zukunft des traditionellen Bekleidungshandwerks nicht sorgen. Das ist bei Säcklermeister Christian Raich in Bad Aussee die durchschnittliche Wartezeit für eine maßgeschneiderte und handbestickte Krachlederne aus Gams- oder Hirschleder. Die Nachfrage ist groß, der Arbeitsaufwand enorm: Vierzig Stunden schmerzhafte Nadelarbeit sind zu leisten, bevor so ein gegerbtes Urgestein fertig ist. „Dafür hält's dann auch 40 Jahre", versichert der junge Handwerksmeister. Und während die Kunden mit ihm über Lederhosen fachsimpeln, lassen sich die Damen im Nebenraum des gemütlichen Holzhauses von Wilhelmine Raich, des Säcklermeisters schneidernde Mutter, ein neues Dirndl anmessen.

Die Besonderheit des Ausseer Landes fällt dem Gast schnell ins Auge. Denn kaum ist er über den Pötschenpass, ändert sich das Bild. Statt der behäbigen, ausladenden und mit Lüftlmalerei verzierten Bauern- und Gasthäusern des reichlich urbanisierten Salzkammerguts plötzlich zierliche Holzbauten: schlichte dunkelbraune Bauernhäuser mit grünen Fensterläden, aber auch elegant-verschrobene Villen mit filigranen Schnitzereien an Dachfirsten und Balkons, so anmutig wie die Stickereien auf den Lederhosen. Architektonische Eigenheiten, die wie eine Kreuzung aus Schweizer Chalet und Kuckucksuhr wirken und in ganz Österreich ihresgleichen suchen. Selbst Berge haben in dieser Gegend ihren „eigenen Kopf". So wie der Loser: Statt eines spitzen Gipfels hat das Wahrzeichen des Ausseer Landes einen breiten, abgeflachten Felssattel, der bei Sonnenuntergang wie ein Riesenbrikett glüht und mehr an die Rocky Mountains als an die Alpen erinnert.

Groß ist es nicht, das Liliputreich am Loser. Man braucht kein Auto, um es zu erkunden. Die schönste Strecke, von Altaussee über Obertressen den Grundlsee entlang bis Gößl und zum Toplitzsee, schafft ein Wanderer selbst bei Schnee und Eis in etwa vier Stunden. Und für die Rückfahrt gibt's den Postbus, der ihn bis nach Bad Aussee zurückbringt.

Der alte Salzsiederort ist die heimliche Hauptstadt des Steirischen Salzkammerguts, stolz auf seine kulturelle Dominanz: Es gibt drei historische Kirchen, ein beachtliches Heimatmuseum, ein Café von Wiener Format, das moderne Kurzentrum mit Sole-Mineral-Hallenbad, prächtige Wirtshäuser und feine Trachtengeschäfte. Da schaut man darüber hinweg, dass an manchem historischen Gebäuden aus der k.u.k-Vergangenheit mehr als nur der Putz bröckelt.

Ein bisschen neidisch ist die Kurstadt dennoch, und zwar auf ihren Nachbarn Altaussee. Der liegt dem Loser direkt zu Füßen und hat den schönen, gleichnamigen See an seiner Seite. Ein breit gestreuter Ort am Talende, herrschaftlich und leicht versnobbt. „Das Dorf im Gebirge", als das es Hugo von Hofmannsthal Anfang des 19. Jahrhunderts im *Simplicissimus* schilderte, gibt es so nicht mehr. Das einstmals bescheidene Salinenarbeiter-Nest, wo Landwirtschaft und Fischerei immer nur Nebenerwerb und Fremdenverkehr ein notwendiges Übel waren, hat als Prominentenort Karriere gemacht.

Altaussee droht umzukippen. Fast die Hälfte der schönen Altvillen und protzigen Neubauten gehört inzwischen den Zweitheimischen. Vor allem Wienern, die das „Dorf im Gebirge" schon immer als Balkon benutzten und zum Spott der Einheimischen hier als „verkleidete Ausseer" in perfekten Edeltrachten herumspazieren. „Das waren noch Zeiten, als die Herrschaften aus der Stadt mit Holzfällern heimlich ihre nagelneuen Lederhosen gegen deren abgewetzte tauschten", schmunzelt der Loser-Wirt, als sich der Wiener Gast verabschiedet, dessen handgenähte Haferlschuhe und handbestickte Lederhosen so glänzen wie seine geölten Haare.

Um sich vor Überfremdung zu schützen, darf heute nur noch bauen, wer in Altaussee seinen Hauptwohn-

Unter den Händen von Hutmacher Alexander Reiter entsteht ein „Ausseer". Behutsam bürstet der Meister das feine Kaninchenhaar glatt

Kutscherin Johanna Schönauer lädt ein zu einem Ausflug durch das verschneite Altaussee. Mit 2 PS, garantiert beschaulich

Die Gössel von Gössl im traditionellen Gäsemarsch. Ein weiches Daunenkleid schützt das Federvieh vor der Kälte des Bergwinters

Süßes und körnig-kerniges Ensemble im Fenster der Bäckerei Klackl in Bad Aussee

eldbacher
GERMA
SPEZIAL
BROT
Vollkornbrot

Die paillettenbesetzten Flinzerl beim Fasching in Bad Aussee kamen auf der alten Salzhandelsstraße von Venedig hierher

sitz hat. Dass Klaus Maria Brandauer und die Schriftstellerin Barbara Frischmuth hier Ferienhäuser haben, ist legitim: Sie sind in Altaussee geboren und beweisen Heimatverbundenheit mit Dichterlesungen und Sommertheater während ihres Urlaubs. Doch es sind nicht die VIP-Urlauber von heute, selbst wenn sie Hans Neuenfels, Elisabeth Trissenaar, Nikolaus Harnoncourt, Marcel Reich-Ranicki heißen, die Altaussee zum Promiruf verhalfen. Es sind die von gestern, die das ganze Ausseer Land zur „Seelenlandschaft schöpferischer Geister" machten.

Die alten Kurlisten lesen sich wie das Namensregister österreichischer Kultur- und Geistesgeschichte. Europäischer Hochadel, Wiens Hochfinanz und Bildungsbürgertum verlebten hier ihre Sommerfrische. In ihrem Sog kamen Schriftsteller, Musiker, Maler und fast die komplette Belegschaft der Wiener „Burg". Richard Strauss, Mahler, Brahms, Sigmund Freud, Schnitzler, Thomas Mann, Peter Rosegger, Adalbert Stifter, Friedrich Torberg, Kokoschka, Rudolf Forster, Attila Hörbiger und viele andere mehr. Hugo von Hofmannsthal verbrachte fast drei Jahrzehnte lang seine Sommer im Ausseer Land, die letzten neun Jahre in dem bescheidenen – gemieteten – Bauernhäuschen in Obertressen Nr. 6. „Eine flackernde Kerze, ein dünnes Schindeldach, auf das der Regen trommelt, eine enge Holztreppe, eine schiefe Dachkammer wie diese, in der ich seit acht Sommern schlafe und die kein Bedienter ohne Nasenrümpfen acceptieren würde …" Dort schuf der Dramatiker die Libretti zu den Strauss-Opern „Der Rosenkavalier", „Die Frau ohne Schatten" sowie die Entwürfe zum „Jedermann".

Nebelschwaden gleich liegt Nostalgie über der „Seelenlandschaft", was sie nur noch liebenswerter macht. Es war ganz in der Nähe von Gößl, wo der bis heute als „Steirischer Prinz" hochverehrte Erzherzog Johann (1782–1859) beim Klettern im Toten Gebirge das Ausseer Land entdeckte: „Es liegt über dieser Gegend eine Ruhe, die jeden, welcher Gefühl für die großartige Natur hat, ansprechen muss. Jeder Gedanke an die große Welt, jeder Kummer schwindet hier." Der Habsburger verliebte sich erst in die Landschaft und dann in die blutjunge Postmeistertochter Anna Plochl aus Bad Aussee. Es geschah am wildromantischen Toplitzsee und endete vor dem Traualtar.

Leider hat später das Nazi-Regime diese glückliche Habsburg-Mesalliance in den geschichtlichen Hintergrund gedrängt – man testete in dem abgelegenen Bergsee lenkbare Torpedos. Und angeblich versenkten SS-Leute hier im April 1945 Kisten mit Gold und Schmuck, nach denen immer wieder vergeblich getaucht wird. So wie 1999, als Amerikaner trotz riesigen Aufwands wieder nichts fanden außer einer Kiste mit Kronenkorken. Die hatte ein Scherzbold für die Schatzsucher versenkt.

So bleiben die Mythen – der des Toplitzsees, der des Steirischen Prinzen und seiner großen Liebe Anna Plochl. Und der einer großen Seelenlandschaft.

Ursula Harbrecht *lebt als freie Journalistin in Paris.*
Dorothea Schmid, *freie Fotografin ist Mitglied der Fotogagentur* Bilderberg.

INFORMATION

Tourismusverband Ausseer Land 8990 Bad Aussee, Kurhauspl. 55, Telefon (036 22) 54 04 00 und Fax 54 04 07, E-Mail: info@ausseer land.at, Web: www.ausseerland.at

ÜBER NACHT

Altaussee
HOTEL SEEVILLA
Fischerndorf 60, Telefon (036 22) 713 02, Fax 71 30 28, E-Mail: ho tel@seevilla.at, Website: www. seevilla.at, 46 Zi., 7 App., DZ ab 1820 ÖS Erstes Haus mit Hallenbad, Sauna, Gradiergrotte. Stil, Ambiente und Flair in der Tradition der klassischen Sommerfrische. Traumlage direkt am See. Hier komponierte einst Brahms

HUBERTUSHOF
Puchen 86, Telefon (036 22) 712 80, Fax 712 80 80, E-Mail: hubertus hof@altaussee.at, 3 App., 6 Zi., DZ ab 1160 ÖS Herrschaftliches, antik möbliertes Landhaus (garni) mit privatem Ambiente, wo Gräfin Rose-Marie Strasoldo Gäste wie Freunde empfängt

GASTHOF ZUM LOSER
200 m vor der Kirche, Tel. (036 22) 713 73, Fax 713 73 15, 7 Zi., DZ ab 1010 ÖS Bürgerliche Küche und Gemütlichkeit, jeden Dienstagabend (Vorbestellung!) Forellen warm aus dem Rauchofen, donnerstags Volksmusikabend

Gößl am Grundlsee
GASTHOF VEIT
Tel. (036 22) 82 12, Fax 84 34, 8 Zi., DZ ab 600 ÖS Gediegenes altes Bauernhaus mit Hausmannskost aus eigener Landwirtschaft. Für Knödelliebhaber!

Grundlsee
ALPENGASTHOF MAX SCHRAML
Bräuhof 214, Tel. (036 22) 86 42, Fax 81 56, 12 Zi., DZ ab 600 ÖS Ein traditionsreicher Familienbetrieb mit Panorama-Seeblick, alter Zirben-Gaststube und solider Hausmannskost

ESSEN UND TRINKEN

Altaussee
RESTAURANT SEEWIRT
Fischerndorf 2, Telefon und Fax (036 22) 718 44 Restaurant im Hotel am See, wo ein junger kreativer Koch aus schwerer Hausmannskost leichteste Gaumenfreuden zaubert

Bad Aussee
ANNA WIRT
Kirchengasse 28, Telefon (036 22) 536 86 Zünftiger Heuriger. Große Auswahl an Steiermark-Weinen. Schmankerln aus eigener Fischräucherei

Toplitzsee
FISCHERHÜTTE AM TOPLITZSEE
Tel. (036 22) 82 96 Kulinarisches Wanderziel. Köstliche Forellengerichte und hausgemachte Torten. Kleines Infozentrum zur Geschichte des unheimlichen Sees

EINKAUFEN

Bad Aussee
LEITHNER HÜTE
Bahnhofsstraße 129, Tel. (036 22) 528 18 Hier werden seit mehr als vier Jahrhunderten Trachtenhüte von Hand und ohne Zugeständnisse an Touristenfolklore hergestellt. Schwarzenegger und Hannelore Kohl lassen sich hier behüten

CHRISTIAN RAICH
Altausseerstraße 59, Telefon (036 22) 522 60 Urige Lederhosen-Couture aus Gams- und Hirschleder. Lange Wartezeiten und Preise von 10 000 bis 30 000 ÖS pro Modell nehmen Fans der handgenähten Krachledernen gerne in Kauf. Auch Dirndl

➤ s. auch „Tipps und Hinweise“

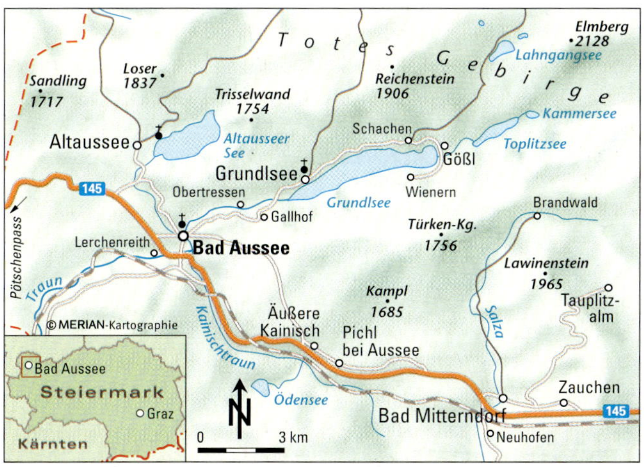

Zahlreiche Seen laden ein

Auf leisen Sohlen .....

Sommer und Winter ein Paradies.

Altaussee
Bad Aussee
Grundlsee
Pichl-Kainisch
Bad Mitterndorf
Tauplitz

Der Steirische Teil des Salzkammergutes, genau genommen Bad Aussee, liegt im geografischen Mittelpunkt von Österreich. Die Natur hat diese Landschaft in 2 Teile gegliedert: in die reizvolle Landschaft um den Grundlsee, den Toplitz- und Kammersee sowie den Altausseer See, bekannt als das Ausseerland, im Norden begrenzt durch das Tote Gebirge. Das weitgezogene Tal am Fusse des Grimming mit den Orten Pichl/Kainisch, Bad Mitterndorf und Tauplitz wird von diesem mächtigen Kalk-Massiv beherrscht. **Sommer:** Die Landschaft der Berge und Seen mit ihrem umfassenden Sport- und Freizeitangebot ist Garantie für erholsamen Urlaub in den Sommermonaten. Badespaß in zahlreichen Seen der Region - Wassersport ohne Motor auf Grundlsee, Altausseer See. Wandern, Radwandern (Salzkammergut Radweg), Mountainbiken auf markierten Strecken (Steirische Alpentour). **Winter:** Schneesichere Lage; die bestens gepflegten Loipen, sowie die Famlienskigebiete Tauplitzalm und Loser/Altaussee, Eislaufen auf zugefrorenen Seen, viele Kilometer Winterwanderwege und alternative Winterangebote sind Anreiz für erlebnisreiche Tage im Winter. Den Skifahrer erwarten am Skigebiet Loser Altaussee eine nagelneue kuppelbare 4er-Sesselbahn und 1000 Höhenmeter Skivergnügen auf bewährten FIS- und Europacuppisten. Ebenso locken die Abfahrten im Skigebiet Tauplitz/Tauplitzalm, die auch mit neuesten Vierersesselbahnen erschlossen sind. Die Seen des Ausseerlandes mit ihren blanken Eisflächen liegen den Schlittschuhläufern zu Füßen, geben Eisseglern Raum, haben Platz für die Bahnen der Eisstockschützen, und damit nicht alles so frostig ausfällt, stehen Eisbars, genau dort, wo der Mensch dringend Labung braucht.

Wasser und Luft, Klima und Salz, Therme und Moor. Dieses in Österreich einzigartige Zusammentreffen natürlicher Heilfaktoren, bildet das wirksame Umfeld jeder Kur im Ausseerland-Salzkammergut. Allein schon Bewegung in dieser 5-Sterne Landschaft reinsten Wassers kann ein weiterer Schritt zum Wohlbefinden sein. Das wichtigste, lebensspendende Element ist das Wasser. Und Wasser der besonderen Art kommt hier aus den Tiefen der Erde: aus dem Altausseer Salzberg die glaubersalzhaltige Ausseer Heilquelle • die beim Salzauswaschen entstehende Sole • sowie das Thermalwasser aus 1600 m Tiefe in Bad Mitterndorf. Heilende Kräfte, die in allen Kurbetrieben der Region genützt werden. Das nebelfreie Klima in 650 bis 800 m Seehöhe ist besonders bei Erkrankungen des Kreislaufes und der Atemwege eine gute Ergänzung.

Das alljährliche Narzissenfest Ende Mai, das „Spiel im Berg“ im Salzbergwerk, der Auftritt des Österreichischen Staatsopernballets und viele kulturelle Veranstaltungen sind künstlerische Höhepunkte der Region Ausseerland-Salzkammergut.

Und kommt erst der Fasching ins Land - vom 24. - 27. Februar 2001 - wird so richtig „Ausseerisch“ und ohne Unterbrechung gefeiert. Faschingumzüge in den Orten am Sonntag, Trommelweiber am Montag und Flinserl am Dienstag sind markante Ereignisse.

Gemütvoll, aber stets auf der Hut. Ein Hundert-Kilo-Bär kann einen Blitzstart wie eine Raubkatze hinlegen

Foto: Delpho

Ein Fund! Und was für einer.

Georg Rauer hockt sich an den Rand des Kiesweges. Gut ein Dutzend Meter unter ihm zieht die Sonne Dampfschleier von der Salza, drapiert sie locker über die Bergflanken der Dürradmer Berge zu einem silbrigen Voile. Brombeerzipfelfalter stehen flügelzitternd im Wärmestau über dem kiesigen Flussbett, das im Hochsommer Fliegenfischer aus aller Welt ins Mariazeller Land zieht. Der Juli, so scheint es, will sich doch noch aufraffen nach zwei Wochen Kaltwaschgang mit Dauerspülung.

Aber all das zählt im Moment nicht für den 43-jährigen Wissenschaftler im Dienste des Worldwide Fund for Nature (WWF), an dessen gesponsertem 3-Liter-Kleinwagen „Bärenanwalt" steht. „Schauen Sie hier, was meinen Sie, was sind das für Kerne? Kein Steinobst, würde ich schon mal sagen." Ein Laie wie ich kann gerade mal kleine unregelmäßig rundliche Verdickungen in der hellbraunen, klumpigen Masse entdecken, kein Gedanke an botanische Zuordnung! Dr. Rauer nimmt eine Nasenprobe: „Eigentlich kann man Bärenkot schon am Geruch erkennen, aber der Dauerregen hat die Geruchspartikel ausgewaschen", analysiert er und zieht das amorphe Beweismittel geschickt in einen Plastikbeutel.

150 Kilometer nordöstlich von hier, in Rauers privatem Wiener Minilabor, werden Lupe und Mikroskop ein paar Fragen beantworten helfen. Und an der Uni gibt es notfalls auch Experten für Fruchtkerne, selbst für solche, die einen Bärendarm passiert haben. Spannenderes noch als eine – vielleicht noch unbekannte – Diätkomponente könnte die Haaranalyse erbringen.

An einer der Reh-Futterkrippen (Bären stehen auf Mais!) hat ein Braunbär, *Ursus arctos*, zwei Rundlatten entfernt, die im Abstand so bemessen waren, dass sie Rehe, aber kein Rotwild in den überdachten Futterraum durchlassen. Bei der Demontage hat der österreichische Neubürger ein paar Haare gelassen, zwei glücklicherweise sogar mit intakter Wurzel. „Wir werden ein genetisches Fingerprinting-Programm starten. Das ist genauer als jede Beobachtung und sicherer als die Spuren-Analyse", erklärt Rauer, einer der drei Bärenanwälte, die sich in Österreich um die imposanten Hinterwäldler kümmern, seitdem die zu Beginn der siebziger Jahre aus dem einstigen Jugoslawien kamen. Es geht bei Rauers Beobachtungen unter anderem um Dinge wie Vaterschaftsbeziehungen, um Ab- und Zuwanderung und wohl auch um die Frage: Wie mobil oder standorttreu sind die Individualisten im steirisch-niederösterreichischen Bärenkerngebiet, das, 1000 Quadratkilometer groß, zwischen Hochschwab, Ötscher, B 25 und B 20 gelegen, derzeit 20 bis 30 Tiere beherbergt?

Um bei der wissenschaftlichen Haar(wurzel)-spalterei nicht auf zufällige Funde angewiesen zu sein, sollen künftig „Haarfallen" aufgestellt werden. Dabei werden stinkige Substanzen, etwa Fischreste oder Rapsöl, locker mit Stacheldraht umstellt, an dem dann, wenn alles wunschgemäß läuft, verschiedene Bären per Haarwurzel-Visitenkarte ihre Personaldaten aufhängen. Die Fellprobe von der Futterstelle wäre schon ein Anfang.

Reh-Fütterungen waren und sind „Hot Spots" im Bärenzirkus. Rauer deutet auf eine Stahlschiene, die das Türchen zum Spitzboden über der Futterkammer sichert. Dort lagert allerhand, was nicht nur Rehe interessiert. Kratzspuren und abgeknickte Isolatoren (elektrische Drähte haben die Rehe vergrämt, nicht die Einbrecher!) erzählen eine neuzeitliche Bärenposse. Selbstauslösende Schreckschussanlagen bezeugen, wie weit die Rüstungsspirale sich im Dreieck zwischen Bär, Mensch und Reh schon gedreht hat.

Genau genommen verhält sich der Bär mit seinen Übergriffen auf Futterlager seriöser als diejenigen, die sie installiert haben. Steirische Jäger päppeln ihre Freizeitgestalter den ganzen Winter durch, um auch noch in solchen Höhenlagen prallvolle Reh-Reviere zu haben, in denen Rehe von Natur aus allenfalls sporadisch vorkämen. So gesehen, tritt der Bär nur hier und da mit ein paar Prankenhieben der „Verhausschweinung" eines Wildtieres entgegen. Sofern er nicht gleich den dreisteren Weg wählt und auf dem Dachboden das Futter konfisziert.

Rauer hat einmal eine Bärenfamilie beim Dachbodenplündern überrascht. Seine Peilantenne hatte ihm die beruhigende – und wie sich herausstellen sollte: trügerische – Gewissheit vermittelt, dass eine sendermarkierte Bärenmutter querab von der Futterstelle verweilte. Also ging er auf die Reh-Mastanlage zu, um etwaige Bärenbesuche aus den Spuren zu lesen. Vom Dachboden drangen leise Geräusche zu ihm herunter, zu leise für Bären – Marder vielleicht? Ohne zwingende Notwendigkeit – „ich war mir ja absolut sicher, dass mampfende Bären lautere Geräusche machen" – stellte der Bärenforscher die Antenne nochmals auf Empfang.

Der Hinterwäldler

Er ist scheu, aber dreist. Anpassungsfähig, doch gefährlich. Seit drei Jahrzehnten lebt der Bär wieder in der Steiermark **Text: Claus-Peter Lieckfeld**

Das Signal übertönte die immer noch verblüffend leisen Geräusche einer Bärenfamilie, Mutter mit drei Jungen, als die ihren Rückzug begannen. Rauer hatte gerade noch Zeit, sich zügig, aber ohne Hast rückwärts zu orientieren.

Führende Bärinnen, die ein Wanderer oder Pilzsucher versehentlich überrascht – etwa wenn der Wind die überragende Bärennase kaltstellt – sind die einzige Gefahr für menschliche Waldbesucher. Aber auch eine besorgte Bärenmutter wird es, so lange sie sich und ihren Nachwuchs nicht hoffnungslos bedroht sieht, bei Scheinangriffen belassen. Die immerhin könnten einem schon das Blut gefrieren lassen, wenn sich 100 Kilogramm Lebendgewicht auf einen zu wuchten, von Null auf Sechzig in zwei Sekunden. Kein Pferd, nur spezialisierte Großkatzen, können vergleichbare Blitzstarts hinlegen.

Normalerweise – und Naturschützer und Ämter werden nicht müde, das in Wort und Schrift, per Video, Zeitung und Rundfunk zu verkünden – setzen Bären alles daran, den Menschen zeitig und weiträumig auszuweichen. Ein Grund dafür, dass man die ja keineswegs kleinen und nicht streng nachtaktiven Tiere so selten zu Gesicht bekommt. Rauer, der ihnen hauptberuflich auf der Spur ist, hatte in den elf Jahren, die sein Bären-Job nun schon währt, „wenn's hoch kommt, fünfzig Sichtkontakte."

Ein Tatzenhieb, und die Borke ist vom Baum

Spezialist für Schlösser

und Motorsägen war Braunbär Numi. Er kannte alle Schliche – und die Fluchtwege

Obwohl sich die Tiere optisch rar machen, haben sie in Österreichs Gazetten regelmäßige Auftritte und dabei meist eine gute Presse. Sei es das 1998 von seiner Mutter verstoßene Bärenkind von der Presceny-Klause, dessen verlorener Blick alle Herzen erweichte. Oder der legendäre Ötscherbär, der nach 18-jährigem Junggesellendasein 1991 und 1993 im vorgerückten Alter Vater wurde. Man hatte ihm, der als Jüngling auf eigenen Sohlen aus Slowenien eingewandert war, zwei Damen per Lastwagen angeliefert. „Kann er noch oder nicht?", fragte die Boulevardpresse. Oder: „Wenn er noch kann, will er überhaupt noch?" Mit sechs Nachkommen hat er dann die kühnsten Erwartungen der Wildbiologen und seiner Fans übertroffen. Jubel! Machs noch einmal, Ötschi!

In den Jahren 1993 und 1994 aber fiel die Presse den Bären in den Rücken. Schuld war ein so genannter „Schadbär". Nurmi – benannt nach dem berühmten finnischen Langstreckenläufer – zottelte in verblüffender Geschwindigkeit von einem Tatort zum anderen. Zerfetzte Kaninchenställe, zerschlagene Bienenstöcke, geraubte Schafe und Ziegen säumten seinen Weg. „150 Schadensmeldungen in einem Jahr", erinnert sich Rauer, „und der Großteil ging sicher auf Nurmis Konto."

Nurmi wurde Opfer seiner eigenen Intelligenz. Er hatte – was Bärenfachleute unter allen Umständen zu verhindern trachten! – alle Scheu vor Menschen abgelegt, knackte selbst komplizierte Schließriegel an Viehställen, wusste, wie man Motorsägen mit minimaler Gewaltanwendung so zerlegt – „aufschraubt", sagt Rauer –, dass man den Bio-Diesel (Rapsöl) trinken kann. Auch sachkundig abgelassene Fischteiche gehörten zu seinem Täterprofil.

Die „Intelligenzbestie" kannte Schliche und Fluchtwege, Wichtig und Unwichtig. So mühte sich eine Familie in der Grünau vergeblich, Nurmi mit allen verfügbaren Lärminstrumenten aus dem Garten zu vertreiben. Als die Gendarmerie leise und unauffällig vorfuhr, verdrückte sich Nurmi – noch leiser und unauffälliger. Doch am Ende ging es ihm wie der sprichwörtlich gewordenen Krimi-Leiche: Er wusste zu viel. Kopfschuss. Eine Ausnahme, dieses blutige Finale.

Von Fall zu Fall gelingt es Georg Rauer, auffällig gewordene Honigräuber oder Futterplatz-Vandalen per Gummi-Schrotschuss zu „vergrämen". Allerdings muss die Lektion ganz am Anfang einer Schadbären-Karriere stehen. Wenn Einzeltiere erst einmal gelernt haben, wie wenig man tun muss, um sich auf die faule Bärenhaut legen zu können, nützen auch kleine erzieherische Blutergüsse am Bärenschinken nichts mehr. Mindestens so wichtig wie Bären-Erziehung ist die der Menschen. Vertreter des WWF haben Schulen, Tourismusveranstalter und Presse-Foren besucht, um für ein gedeihliches Miteinander zu werben.

Zugute kommt den Bären die dünne Besiedlung im Kerngebiet der österreichischen Population. 20 der etwa 30 Bären streifen in den Nörd-

Fotos: H. Pellegrini, Delpho

stamm gelöst. Der Allesfresser Bär delektiert sich an Käfern und Larven und legt sich auf die faule Bärenhaut

lichen Kalkalpen. War vor 200 Jahren, als man den steirischen Bären den Garaus machte, das Waldgebirge noch gesprenkelt von Holzfällersiedlungen und Einödhof, kann ein Bär dieser Tage lange geradeaus schlendern, ohne dabei streng riechenden Zweibeinern begegnen zu müssen.

Einigermaßen menschenleere Areale gelten denn auch als Voraussetzung für eine „Bären-Renaissance", die Experten auf fast einem Drittel der Fläche Österreichs für möglich halten. „Potentiell möglich", präzisieren die Wildbiologen. Denn erstens bringt die bärenfreundliche Landflucht der Menschen vielerorts wenig für Wildtiere, weil sie durch heftigen Forststraßenbau und neue Freizeitaktivitäten in ihrer Wirkung annulliert wird. Zum anderen ist die Liebe zu wilden Großtieren von jeher ambivalent.

Der Bär hat gegenüber Luchs und Wolf, die in den Westalpen kräftig an Boden gewinnen, einen Vorteil. Er ist kein „Beutekonkurrent" der Jäger. Europas größtes frei lebendes Landsäugetier ist Allesfresser, lebt aber überwiegend vegetarisch. Fotos grasender Bären wurden lange für Scherzbilder gehalten – sie passen irgendwie nicht zum Image einer mythenschweren Kraftgestalt mit imponierendem Gebiss. Das dient genauso zum Käferknacken wie zur Zerkleinerung von „gefallenem" Wild, meistens Hungertote harter Winter.

Dagegen haben die Jäger nichts. Österreichs Grünröcke übernahmen sogar die Kosten für eine „Bären-Schadversicherung", die Entschädigungen für zerstörte Bienenhäuser und Reh-Fütterungen abdeckt, ferner Verluste an Schafen und Kleintieren ausgleicht sowie geplünderte Gärtner und Obstbauern ruhig stellt, 100 000 Mark Gesamtschaden im Jahre 1999. Eine preiswerte Goodwill-Aktion für Jäger, jene Gruppe von Wald- und Wildnutzern, die häufig auf Negativ-Schlagzeilen abonniert ist.

Bärenanwalt Rauer profitiert von den meist zuverlässigen Beobachtungen der Jäger. Schmunzelnd erinnert er sich an eine kuriose Begegnung. Eine Tour in Sachen „Bären-Schadensbegutachtung" hatte gerade in einer Bauernstube sein Ende genommen. Der jagende, fast 70-jährige Bauer war beim Enzian ins Schwärmen geraten: darüber, wie ihm vergangene Nacht ein Bär erschienen war – ganz Majestät und im mondlichtversilbertem Pelz. Und während sich der berufliche und der neu berufene Bärenfreund noch gegenseitig versicherten, welch Zugewinn der Rückkehrer in den Steirischen Kalkalpen doch sei, erklang eine dünne, aber energische Greisinnenstimme vom Ofen her. Sie gehörte der uralten Mutter des Alt-Jägers: „Sei staad, Bua! De Sauchviecher brauch mer ned!" Alter Hass sitzt tief. In den Kindertagen der Bäuerin waren im Steirischen noch die Heldengeschichten von wackeren Bärentötern geläufig.

Nun, wo der Braunbär auf den längst verwehten Spuren seiner Ahnen in die Alpen zurückkehrt (in den slowenischen Ostalpen war er nie ganz weg), ist *Ursus arctos* zum Planungs- und Verwaltungsfall geworden: zwischen Schadensausgleich und Öffentlichkeitsarbeit. Die Presse stopft ihn gern ins Sommerloch. Die EU alimentiert ihn über LIFE, ihr Sonderprogramm für bedrohte Arten. Die Gemeinde Lackenhof in Niederösterreich erhebt ihn zum Tourismus-Logo. Und ein paar Wissenschaftler-Jobs sind gewissermaßen Abfallprodukte.

Apropos Abfall und Wissenschaft: Die Kerne waren keine Kerne, hatte WWF-Bärenanwalt Dr. Georg Rauer am heimischen Binokular ermittelt. Sondern Karottenschnitzel an Salatblatt.

Claus-Peter Lieckfeld *lebt als freier Journalist und Buchautor in Bayern.*

Ein starkes Paar: die Landschaft und die Menschen, die in ihr leben. Südsteirische Weinberge in Sulztal Richtung Slowenien. Und die „Citoller Tanzgeiger“. Tubaspieler Ewald mit Geigerin Marie-Theres und deren Bruder Vinzenz

Im Rausch des Lebens

Reich ist die Gegend, denn dies ist immer da: Leute, die lachen, Wein, der Kindlimacher heißt, und Volksmusik, die von Herzen kommt und in die Beine geht – wie der Schnaps, den sie hier mit Finesse brennen

Text: Ruedi Leuthold, Fotos: Peter Rigaud

Drei Köstlichkeiten: geröstete Maronen, frische Trauben und die Frucht, die im Fass reift. Winzer Valentin Renner prüft im Keller seines Weinguts in Leutschach einen Welschriesling. Was er produziert, wird größtenteils ab Hof verkauft

Ein Ort, den Besucher nie wieder vergessen: Panoramasicht am Lubekogel. Weit schweift hier der Blick. Trunken von der Würze des Traminers und der Schönheit des Tals

Vorsichtig öffne ich die Augen. Ich liege unter einem Baum im Gras, ringsum Rebland. Eben schwebte ich im Traum auf einer Wolke. Ein Flugzeug torkelt vorbei in neckischen Volten, setzte Grüße in den Himmel: Blunzengröstel. Dann schrieb das Flugzeug Girlanden aus weißem Dunst. Im Traum las ich: Zwetschkenknödel.

Wo, um des Himmels Willen, bin ich gelandet? – Zwetschkenknödel, mit K, spricht für österreichisches Alpenland. Aber Blunzengröstel!

Dort, wo eben noch ein Flugzeug kreiste, hängt jetzt ein Apfel, und plötzlich höre ich einen Chor feiner Engelsstimmen: Auch die Äpfel haben hier ein rotes Wangerl. Das ist die Sonne, die Erde, die Steilheit der Hänge. Das ist das Fundament für die Fruchtigkeit der steirischen Weine.

Die Steiermark also. Ich liege, etwas überweint, wie die Leute hier sagen, auf steirischem Grund und Boden.

Aber wenn sich mir in den vergangenen Tagen eine Gewissheit unauslöschlich ins Gedächtnis geprägt hat, dann ist es die, dass es die Steiermark nicht gibt. Es gibt die Weststeiermark, die Südsteiermark und die Oststeiermark, die sind sich alle so anders wie Kontinente, und deshalb muss man immer genau wissen, wo man sich befindet, sonst sind die Leute beleidigt.

Mit den Händen lockere ich den Boden, auf dem ich liege, prüfe die Krümel auf ihre Festigkeit und Konsistenz. Es könnte sich durchaus um dieses tertiäre Lockermaterial handeln, von vulkanischem Gestein durchsetzt, wie es für die Oststeiermark typisch ist. Dort ist die Landschaft lieblich und der Wein duftig. Oder deuten die Kiesel, von denen es nicht fehlt, doch eher auf einen Muschelkalkverwitterungsboden hin, so ungemein ersprießlich für die Welschrieslinge, Weißburgunder und Cabernet-Sauvignons der Südsteiermark? Schlummern unter der lockeren Erde vielleicht Gneise und Glimmerschiefer, die kristallinen Gesteine der Koralpe, bewährte Unterlage für den Blauen Wildbacher, aus der die Weststeirer ihren berühmten Schilcher pressen?

Während ich grüble, wörtlich als auch bildlich, im Erdreich ebenso wie in den erweiterten Sinnen meiner Wahrnehmung, überfällt mich wie ein Blitz aus heiterem Himmel die Erinnerung an einen prallen, saftigen, überraschenden Kuss.

Habe ich, außer meinem Räuschlein, sonst noch was zum Apfelbaum getragen? Wurde ich getragen?

Schnapskrapfln und Heidensterz. Wie wenn es gestern gewesen wäre, sehe ich den Winzer vor mir, den Winzer aus der Oststeiermark, wie er, inmitten der vulkanischen Erhebungen seiner Landschaft, eine Flasche Traminer schwenkt. „Das ist der Kindlimacherwein“, grinst er, „da sind schon Paare gekommen, die haben acht, zehn Jahre vergebens probiert, und nach ein paar Gläsern Traminer hat's prompt eingeschlagen, Ehrenwort.“

Doch auch der zwiebelfarbene Schilcherwein, im Weststeirischen zu Hause, macht „sexy wie ein Truthahn“, hat mir ein Gewährsmann versichert, und obwohl ich mir im Moment darunter nichts Erhebendes vorstellen kann, verstärken sich doch meine Befürchtungen. Umso mehr, als mir nicht unbekannt ist, dass die Südsteirer ihre

Jeder Augenblick hat hier seine besondere Süße: Buchteln, mit weißer Schokolade und Kürbiskernen gefülltes Gebäck. Hubert Papi, Handharmonikaspieler der „Citoller Tanzgeiger“, mit der Wirtstochter des Weinguts Tscheppe

Steirische Harmonie: Tanzgeiger-Sohn Vinzenz an der Tuba. Eine Blüte der Kapuzinerkresse auf steirischem Backhendlsalat mit Kürbiskernöl

Spitzengewächse bis nach Japan verkaufen, wo sie für ihre Spritzigkeit gerühmt werden.

Wenn da, nach dem Kuss, bloß nichts Gschamiges vorgefallen ist, was man einem dieser feurigen Säfte anlasten müsste, aus dem Westen, Süden oder Osten der Steiermark.

Doch wunderbarerweise fühle ich mich, wo auch immer, nach welchen Exzessen auch immer, weder schwer noch plump, vielmehr leicht moussierend, in Harmonie mit der offensichtlichen Gunstlage des Geländes, getragen nicht nur von diesem alten Boden, der die Bewohner seit Römerzeiten mit Wein versorgt, sondern von einer prächtigen Tradition des genussreichen Trinkens. Bescheid darüber gab mir eine Butzenscheibe im Rittersaal der Riegersburg in der Oststeiermark: „Anno 1635 den 6. April hat sich das Sauffn angehebt und ale Tage ein Rausch geben bis auf den 26. detto". Bescheid gibt auch das Statistische Zentralamt des Landes, das aus den Weingebieten der Steiermark ein erhöhtes Ausmaß an Leberschäden meldet. Wobei tröstlich zu wissen ist, dass die chronischen Säufer aus den steirischen Weingebieten, im Gegensatz zu den städtischen Anfallssäufern, weder durch Aggressivität, Kriminalität noch durch erhöhte Suizidgefahr auffallen. Sie erscheinen hin und wieder in delirantem Zustand im Spital, und manchmal verlassen sie es grad recht zum *Gstarrtn* – so heißt hier das Leichenmahl.

Trotzdem ein recht harter Abgang, wenn man's bedenkt. Ein leises Frösteln befällt mich, obwohl die Sonne scheint und der Himmel, abgesehen von einer Furcht erregenden Bläue, keine Botschaften mehr versendet.

Glücklicherweise erinnere ich mich des steirischen Kernöls, das mit seinen Segnungen das Risiko, in der Steiermark an einer Leberzirrhose zu verdämmern, auf anderem Gebiet mehr als wettmacht. Der steirische Ölkürbiskern, schalenlos dank einer Zufallsmutation, ist reich an Öl, Vitaminen und ungesättigten Fettsäuren, infolge dieser Genüsse erleiden die steirischen Männer 80 Prozent weniger prostatische Erkrankungen als der Rest der Österreicher. So hat es mir Thomas Hartlieb erzählt, der in Heimschuh im Sulmtal eine Ölpresse führt; drei Kilo getrocknete Kerne, die Frucht aus 35 Kürbissen, braucht er, um einen Liter Gesundheit zu pressen.

Die Erinnerung an den schweren Duft des frisch gepressten Öls wirkt sich belebend auf mein Gedächtnis aus. Plötzlich fällt es mir wieder ein.

Frau Jöbstls Koststuberl natürlich. Wernersdorf, Weststeiermark. Die verwegenste Erfindung, die je zur Mehrung der touristischen Bekanntheit ersonnen wurde. Hier, wo es nur so perlt von kühnem Marketing, um die Ströme des Fremdenverkehrs ins Land der Mur zu locken. Wo es einen Schlossbesitzer gibt, der seinen Wein mit klassischer Musik beschallen lässt, weil dieselbige die Stahlfässer in eine die Gärung positiv beeinflussende Oberflächenvibration versetze. Wo das Bier in der Motorradfahrerkneipe direkt aus einem alten Moto-Guzzi-Motor abgezapft wird. Hier hat, Krönung aller Verführungen, Frau Jöbstl die „Schnapskäseverkostung" erfunden und an meiner Person erfolgreich erprobt, 16 verschiedene Schnäpse in Reih und Glied, angefangen mit dem Maschanzker, hergestellt aus einer alten steirischen Apfelsorte, über den Tresterbrand, im Eichenfass gelagert, bis zum Himbeergeist, zu welchem

Berauschender Blick: Weinreben des Guts Sabathi aus der Froschperspektive. Schwer hängt die Traube. Jetzt muss der Wein gelesen werden

Biss-Test: Waltraud Jöbstl, Schnapsbrennerin an der Schilcher Weinstraße, kostet die diesjährige Ernte

Steirische Birnen und was aus ihnen wird: Rotgrün und knackig werden sie zu hochprozentigem Genuss vergoren. Birnenschnaps der Region ist ein umwerfendes Vergnügen

ein Edelschimmelkäse die göttliche Ergänzung bildet.

Hat mir ein Birnenbrand – hervorragend im Duo mit einem Pfefferschafkäse – den Rest gegeben, oder war es der Landessieger von 1999, eine Vogelbeere? Bin ich dem Schilcher Eiswein erlegen, der zum Dessert gegeben wurde – „ein süßsaures Furioso, das geschmacklich einen Regenbogen und einen Früchtereigen über den Gaumen spannt“?

Oder war es doch der Kuss?

Bedrängt von allzu vielen Fragen setze ich mich im Grase auf. Doch geben meine bescheidenen Kräfte nach, ich lasse mich zurückfallen und werde alsbald weggeschwemmt von einem Strom süßer Erinnerungen.

Unterwegs auf den steirischen Weinstraßen. 3700 Hektar Rebland, 150 000 Hektoliter Saft, 3500 Weinbetriebe, oft winzig klein, häufig mit einem Ausschank verbunden, wo auch eine kräftige Vesper gereicht wird: *a Brettl-Jausn* im Buschenschank, Krönung eines jeden irdischen Tages. Von Graz aus östlich der Mur in Richtung Bad Radkersburg an der slowenischen Grenze; die Klöcher Weinstraße. Geheimnisvoller Hopfen, langweiliger Mais im Talgrund, Reben an den Südhängen, Pappeln auf der Höhe. „Eine gottbegnadete Gegend“, sagte Manfred Platzer in Tieschen, Winzer mit eigener Wetterstation, abgezählte 2000 Sonnenstunden für seinen Traminer, den Kindermacherwein, für seinen Welschriesling, für den Blauen Zweigelt, typisch für die Oststeiermark. Die alten Holzfässer hat er, wie die meisten, durch Edelstahl ersetzt, und die schwarze hölzerne Katze, die früher in jedem Keller auf dem Fass mit dem besten Wein stand, dient nur noch der

Dekoration. „Man kann es sich nicht mehr leisten", sagte er, „dass nur noch ein Fassl wirklich gut ist."

Dann fuhren wir bergwärts, durch dichten Wald, und oben, in der Buschenschänke des Semmlitsch, sagte Manfred Platzer: „Man tät es nicht glauben, dass sich die Wölt so auftut."

Die Wölt tat sich auf. Wir blickten über kleine Weingärten und runde Hügel bis weit über die Grenze.

In der Nacht träumte ich Seltsames. Speckzwetschken und Salzbuchteln. Dann drängten sich die Hügel plötzlich eng zusammen, Reben am Südhang, Wald im Norden, und die Südsteirische Weinstraße schlängelte sich mitten hindurch. Manchmal sah man einen Klapotez stehen, Zwitter zwischen Windmühle und Vogelscheuche, der zwischen Jacobi und Martini, dem 25. Juli und dem 11. November aufgestellt wird und früher Vögel von den Trauben vertreiben half. Jetzt ist das Schlagbrett aus dem Holz der Cornellkirsche, Dirndlbaum genannt in der Region, meistens blockiert, weil der Lärm neben den Vögeln auch die Erholung suchenden Touristen vertreibt.

In Zieregg befindet sich das Weingut von Manfred Tement. Am Schluss kommt immer Wein raus, knurrte Tement, Herr über 35 Hektare Rebland und eine Computeranlage, die seine Edelstahltanks überwacht und ihn bei jedem unregelmäßigen Gärvorgang telefonisch aus dem Bett holt. Aber die Schwierigkeit besteht darin, so erläuterte er, die Möglichkeiten einer Traube zu erkennen und das Optimale aus ihr herauszuholen. In dieser Kunst ist Manfred Tement unerreicht, er ist Pionier und Vorbild für alle steirischen Winzer, die internationalen Qualitätsansprüchen genügen wollen, leicht und trocken sind seine Weine.

Aber, so erzählte am Abend, im Hof von Schloss Gamlitz, wo roter Oleander duftete, Malven und Engelstrompeten leuchteten, Martina Melcher, die Schlossherrin, und öffnete einen Sauvignon aus eigenem Anbau, hinter jedem guten steirischen Wein steckt eine Frau. Deshalb fehlt auf keinem Etikett der Name der Gattin. „Weil es auf unseren kleinen Weingütern eine gute Zusammenarbeit braucht."

Deswegen vielleicht, sinnierte sie, „gibt es bei unseren Winzern fast keine Scheidungen. Weil man aufeinander angewiesen ist." Dann öffnete sie noch einen Welschriesling.

Im Schlossgemach, viele hundert Jahre alt, träumte ich von Blutbockerl und Grießnockerln.

2,5 Hektar groß ist das Weingut von Margret und Valentin Renner in Leutschach. Der Wein, um die 4000 Liter jährlich, wird größtenteils ab Hof verkauft. Um das Einkommen aufzubessern, erfindet Margret Köstlichkeiten wie Apfel-Kürbis-Gelee, Kürbis-Ingwer-Konfitüre, Muskattraubenessig. Ganze Geschenkkörbe kann man bei ihr bestellen und bekommt alte steirische Weisheiten mitgeliefert: Ein Gläschen Wein dann und wann, regt die Lebensgeister an.

Westwärts ins Land des Schilchers. Zersiedelt die Gegend entlang der Autostrasse, die nordwärts führt, rau und steil die kleinen Seitentäler am Alpenrand. Übernachten beim Jagawirt, Reinischkogel. Gebirgsluft, Schwammerl, Lammnüsschen auf Kürbisragout.

Geträumt von Guglhupferln.

Dann der Besuch bei Familie Jöbstl in Wernersdorf am Schilcherberg. Guntschenberg hieß der Ort früher einmal, aber die Familie Jöbstl weiß eben, dass ein bisschen Werbung nicht schaden kann. Einen Schilcher-Wein hat man auf dem Gut Masserriapl schon immer gemacht, und dazu Birnen, Äpfel und Pfirsiche ins Vorarlbergische verkauft, wo das Obst zu Schnaps gemacht wurde. Bis Frau Jöbstl sich sagte, das kann ich selber und ein paar Ernten und ein paar Enkel später zu Österreichs Schnapsbrennerin des Jahres ausgerufen wurde. Der Sohn ist ausgebildeter Winzer, die Töchter malen die Etiketten und Frau Jöbstl, der gute Geist des Unternehmens, rief, nachdem wir uns alles angesehen hatten: „Jetzt wollen wir mal ins Koststuberl."

Im Koststuberl warteten 16 Schnäpse und ebenso viele Käsesorten. Später einmal sagte Frau Jöbstl: „Ich bin die Waltraut." Danach erinnere ich mich an nichts mehr.

„So", sagt eine Stimme fröhlich, „I bin gscheits und kampelts, gehen wir."

Die Stimme verdeckt die Sonne.

„Großmutter?", frage ich.

„Geschneuzt und gekämmt", übersetzt die Stimme.

„Frau Jöbstl?", frage ich.

„Die Waltraut", sie, „schon vergessen?"

Etwas dämmert.

„Waltraut, haben wir uns vielleicht, um Bruderschaft zu trinken ...?"

„Natürlich", lacht sie, „mitten auf den Mund. So wie das Brauch ist in der Steiermark."

Irgendwie bin ich beruhigt, aber immer noch leicht durcheinander. Auch dagegen weiß die Waltraut ein Mittel.

„Der Haubensimma", lobt sie, „ ein Buschenschank, wie es ihn früher gab."

Der Haubensimma und seine Frau sind Selbstversorger, machen alles selber, was sie brauchen für die Brettl-Jausn, den Wein, die Würstl, das Kübelfleisch, das Verhackert.

Der Haubensimma, als Hansel Knappitsch getauft, hat das Gut 1965 von seinem Vater übernommen, und er weiß auch noch zu erzählen, wie es früher war, als die Kinder barfuß zur Schule gingen, das Fleisch knapp war und es nicht viel anderes zu essen gab als Saure Suppe, Kraut und Bohnen, zum Nachtisch Kaiserschmarrn.

„Kaiserschmarrn?", frage ich und stelle die Nummer meines Vaters ein an meinem portablen Telefon.

Der Vater lebt, einige 100 Kilometer entfernt, auf der andern Seite der Alpen. „Kam meine Großmutter", frage ich ihn, „die gestorben ist, als ich sieben war, kam sie nicht aus Österreich, und hat sie uns nicht immer Sachen gekocht mit ganz seltsamen Namen?"

„Deine Großmutter", belehrt mich der Vater, „kam aus der Steiermark und hat wunderbare Sachen gekocht. Kaiserschmarrn zum Beispiel. Und Zwetschkenknödel."

„Auch Blunzengröstel?"

„Auch Blutwurst, natürlich."

Ich bedanke mich und fühle mich sehr zu Hause in der Steiermark.

Ruedi Leuthold, *Schweizer mit familiären Wurzeln in der Steiermark, lebt als freier Journalist in der Nähe von Luzern.*

MERIAN TIPP WEINSTRASSEN

Die steirische Rebfläche ist relativ klein: Ihre 3700 ha entsprechen nur 7 % der österreichischen Gesamt-Anbaufläche (zum Vergleich: In der Pfalz beträgt die Rebfläche 22000 ha). Mehr als 3500 Winzer, die meisten im Nebenerwerb, produzieren etwa 150000 Hektoliter pro Jahr. Davon sind 70 % Weißwein-, 15 % Rotweinsorten und 14 % Schilcher (Rosé). Das Besondere an steirischen Weinbergen ist die Höhen- (nicht selten über 500 m) und Steillage – drei Viertel der Hänge haben mindestens 26 % Gefälle. Das Klima ist von warmen Tagen und, vor allem im Herbst, kühlen Nächten geprägt, was die Trauben sehr langsam reifen lässt und ihre Fruchtsäure erhält. Gebietsspezifisch sind der *Steirische Junker*, ein Primeurwein mit nur ca. 10 % Vol. Alkoholgehalt, verschnitten oder reinsortig, mit begrenzter Trinkreife (maximal bis Ostern), sowie das (nichtamtliche) Markenzeichen *Steirische Klassik*, ein Zusammenschluss von acht prämierten Winzern. Landesweit gilt seit 1784 die *Buschenschänken*-Verordnung: Jeder Erzeuger darf seinen Wein und Obstmost ganzjährig – wie, wann und zu welchem Preis er will – verkaufen und auch ausschenken.

REBSORTEN

Blauer Wildbacher Aus der nach dem Weindorf Wildbach benannten Rebsorte geht der berühmte Schilcher hervor, ein je nach Lage von zwiebelfarben bis rubinrot changierender Rosé, frisch, fruchtig, trocken. Der in der Weststeiermark beheimatete Schilcher ist eine gesetzlich geschützte Weinspezialität: Sie darf ausschließlich aus solchen Trauben des Blauen Wildbachers gekeltert werden, die auf steirischem Boden heranreifen

Blauer Zweigelt Meistangebauter steirischer Rotwein: herb, kräftig, rubinrot; eine Züchtung aus Saint-Laurent und Blaufränkisch, in etwa vergleichbar mit Beaujolais

Chardonnay (s. Morillon)

Gelber Muskateller In der Qualität sehr vom Jahrgang abhängiger Weißer mit fruchtigem Muskat-Aroma. Eine südsteirische Spezialität

Morillon Steirische Bezeichnung für Chardonnay. Der Name geht auf den Ort Morion in der Champagne zurück, aus dem Ende des 19. Jhs. reblausresistente Chardonnay-Reben nach Österreich gelangten: Weißweinsorte mit fruchtiger Säure, die mehr Charakter als Weißburgunder hat. Gut ausgebaut und ausgereift – auch in der Flasche – zählt steirischer Morillon zu den österreichischen Spitzenweinen

Müller-Thurgau Ende des 19. Jhs. vom Schweizer Prof. Müller-Thurgau kreierte Kreuzung aus Riesling und Silvaner. Ein Standardwein, dessen österreichische Variante in der Regel etwas säurehaltiger ausfällt als die milde deutsche. Duftig, sollte jung getrunken werden

Sämling 88 Österreichische Bezeichnung für die Scheurebe, eine nach ihrem Züchter Georg Scheu benannte Kreuzung aus Silvaner und Riesling. Das Bukett des eher lieblichen Weißweins erinnert an Johannisbeeren und Holunder

Sauvignon blanc Die Rebsorte – seit mehr als 200 Jahren in der Region heimisch und lange verkannt – gilt als neuer Star der steirischen Weinszene. Bestens geeignet für die örtlichen Klimaverhältnisse, liefert sie, vor allem in der Südsteiermark, Weißweine von höchstem Niveau. Würziges Bukett, hoher Alkoholgehalt, lange Haltbarkeit

Schilcher (s. Blauer Wildbacher)

Traminer Uralte Rebsorte mit langer Weinbautradition, vor allem in der Südoststeiermark in und um Klöch. Aromatischer, meist sehr würziger Weißwein – daher der häufig verwendete Name Gewürztraminer (was keine eigene Rebsorte, sondern nur das extra kräftige Bukett einiger Traminerweine bezeichnet)

Weißburgunder Auch als Klevner und – überregional – Pinot blanc bekannter, vollmundiger Weißwein mit mittlerem Alkoholgehalt, in der Steiermark quantitativ die Nr. 2 nach dem Welschriesling, im Vergleich zu diesem jedoch gehaltvoller und wesentlich länger lagerfähig

Welschriesling Hauptweißweinsorte der Steiermark: frisch, fruchtig, ein Alltags- und typischer Buschenschankwein, wird meist einjährig getrunken, nicht zu verwechseln mit dem qualitativ weit höher einzuordnenden (Rhein-)Riesling aus deutschen oder (selten) steirischen Kellern

ANBAUGEBIETE

Südoststeiermark 1200 ha Rebfläche, *Haupt-Rebsorten*: Traminer, Welschriesling, Weißburgunder, Müller-Thurgau, Blauer Zweigelt. *Weinstraßen*: Klöcher Weinstraße, Südoststeirische Hügelland-Weinstraße, Thermenland-Weinstraße, Oststeirische Römerweinstraße

Südsteiermark 2000 ha Rebfläche, *Hauptsorten:* Sauvignon blanc, Gelber Muskateller, Morillon, Weißburgunder, Welschriesling. *Weinstraßen*: Sausaler Weinstraße, Südsteirische Weinstraße, Klapotetz-Weinstraße

Weststeiermark 500 ha Rebfläche, *Haupt-Rebsorten*: Blauer Wildbacher (Schilcher), Welschriesling, Weißburgunder, Blauer Zweigelt. *Weinstraße*: Schilcher-Weinstraße

EINKAUFEN

① Berghausen-Ehrenhausen
WEINGUT MANFRED TEMENT
Zieregg 13, Tel. (03453) 4101-0, Fax 4101-30, Website: www.tement.at, Mo-Sa 10-12 und 14-18 Uhr Das österreichische Top-Ten-Weingut gehört zur Winzervereinigung *Steirische Klassik*. Exzellenter Welschriesling, Weißburgunder, Morillon, Sauvignon blanc. *Spitzenlagen*: Zieregg, Grassnitzberg

Einzigartig, bezaubernd, urlaubenswert.

Steirisches Thermenland
Zeit zu leben.

HEISSE QUELLEN

WEINIDYLLE

ERLEBBARE GESCHICHTE

Rund 60 km südöstlich der Landeshauptstadt Graz liegt das Steirische Thermenland, die gesündeste Region Österreichs, ein Paradies für Erholungssuchende und Genießer.
Fünf Thermenorte - Bad Radkersburg, Bad Gleichenberg, Loipersdorf, Blumau und Bad Waltersdorf - verwöhnen hier ihre Gäste mit umfassenden Wellness- und Kurangeboten. Der ideale Ort, um neue Kraft zu tanken. Echte Genießer schätzen die Früchte unserer fruchtbaren Region, den besonderen Charme der vielen Buschenschänken an unseren Weinstraßen oder die kreative Kochkunst ausgezeichneter Haubenlokale bei stilvollem Ambiente.

Es ist kein großes Land...

Über 3.000 km Radwege laden zu Erfahrungen der besonderen Art, 9 Golfclubs sind mehr als eine Golfreise wert und die sagenhaften Schlösser und Burgen der bekannten Schlösserstraße erwarten Ihre historische Entdeckungsfreude und 8 Familiendörfer bieten ein einzigartiges Angebot für alle, die sich und ihrer Familie Ferien wie aus einem Bilderbuch gönnen wollen.
Im Styrassic Park bei Bad Gleichenberg bestaunt man Dinosaurier in Lebensgröße und überall spürt man die echte, ungespielte Gastfreundschaft einer bezaubernden Region.
Die Thermenland-Geschenkgutscheine im Wert von ATS 500,- (DM 71,50) oder ATS 1.000,- (DM 143,-) geben Ihnen die Möglichkeit, Land und Leute besser kennenzulernen und sind in den 18 besten Häusern und 5 Thermen einzulösen. Infos beim Regionalverband Steirisches Thermenland.

...aber ein großartiges!

RV
Steirisches
Thermenland,
A-8350 Fehring
Hauptplatz
Tel. 0043/3155/4204-0
Fax 0043/3155/4204-5
Internet: www.ito.at.
e-mail: thermenland@ito.at

LAND VOLL BEWEGENDER AUGENBLICKE.

2 Leutschach
WEINGUT RENNER
Pößnitz 79, Telefon/Fax (034 54) 64 83, März-Nov. Sa, So 12-21 Uhr, sonst immer nach Anmeldung Der Winzer empfiehlt persönlich vor allem seinen Sauvignon blanc und Chardonnay. Das weitere Angebot auf 9 Hektar Rebfläche: Weißburgunder, Grauburgunder, Muskateller, Blauer Zweigelt und Traminer

WEINGUT EDUARD TSCHEPPE
Pößnitz 168, Tel. (03 16) 29 35 00, Fax 29 35 00 77, E-Mail: tscheppe @tscheppe.com, Website: www. tscheppe.com, nach Voranmeldung, Weinverkauf auch im Gasthaus (Mitte Apr.-Mitte Nov., Mi bis So 10-22 Uhr) Bei kulinarischen Weinproben werden prämierte Weine (Morillon, Sauvignon blanc, Traminer) zu Forellenmousse oder Paprikaterrine gereicht. Erkunden Sie den Lehrweingarten mit mehr als zwanzig Rebsorten oder schnuppern Sie sich in der Vinothek an Jahrgangsweinen zurück bis ins Jahr 1949

3 Tieschen
WEINHOF PLATZER
Pichla 25, Tel. (034 75) 23 31, Fax 23 31-4, E-Mail: platzer@weinhof platzer.at, Website: www.wein hof-platzer.at, Mo-Sa 14-19 Uhr Das ganze steirische Sortiment in höchster Qualität: Muskateller, Welschriesling, Gewürztraminer, Blauer Zweigelt. Wer nach der Verkostung nicht weiterfahren will, kann ab März 2001 in renovierten Gästezimmern übernachten (DZ 420 ÖS)

4 Wernersdorf
FAMILIE JÖBSTL
Masseriapl., Tel. (034 66) 423 79, Fax 420 58, Mo-Fr 8-18 Uhr, Sa/So nach Voranmeldung Die Edelbrände und Natursäfte sind weit über die Weststeiermark hinaus bekannt. Waltraud Jöbstl, die gekürte „Schnapsbrennerin 2000“, lädt zu Kellerbesichtigung und Verkostung (Voranmeldung) ein

BUSCHENSCHÄNKEN

Rechts und links der Weinstraßen sind die Buschenschänken (Straußwirtschaften), die meist sehr familiär geführt werden, fast im Meterabstand zu finden. Manche liegen recht idyllisch, also auf Hinweisschilder achten! Warme Speisen werden nicht serviert

ESSEN, TRINKEN, ÜBER NACHT

5 Bad Gams
WESTSTEIRISCHER HOF
Müllegg 40, Tel. (034 63) 213 40, und Fax 213 47, E-Mail: weststeirischer.hof@weststeirischer.hof.at 48 Betten, DZ 910 ÖS Hotel im traditionellen Landhausstil, familiär geführt, gute Küche

1 Berghausen
STEINBERGHOF
Wielitsch 62, Tel. (034 53) 24 35, Fax 44 17, März-Nov. tgl. 12-22, Küche bis 21 Uhr, Mi Ruhetag, Mitte Jan.-Feb. nur Sa/So geöffnet, Reservierung empfohlen (keine Übernachtungen) Ein Buschenschank mit kulinarisch verfeinerter Küche: Leberparfait in Traminer Gelee, Carpaccio von geräucherter Rinderlende, Kernöl-Pesto mit Weißbrot, Speckzwetschken mit Salzbuchteln

6 Gamlitz
SCHLOSS GAMLITZ
Tel. (034 53) 23 63, Fax 45 50, DZ ab 1000 ÖS Ein Blumenpark, Wein und Sekt aus eigenem Anbau und schöne Zimmer. Das Schloss stammt aus dem 12. Jh.; Familie Melcher führt den Gutsbesitz und kultiviert sieben Hektar Rebland

7 Kapfenstein
SCHLOSS KAPFENSTEIN
Tel. (031 57) 313 10, Fax 313 14, DZ 1800-4600 ÖS, Restaurant März bis Okt. 11.30-ca. 22, So bis 16 Uhr, Mo geschl., warme Küche 11.30 bis 14 u. 18-20.30 Uhr, Nov.-Mitte Dez. Sa 11.30 bis ca. 22 und So 11.30-16 Uhr Panoramablick vom Berg bis nach Ungarn und Slowenien. Ländliches, stilvolles Ambiente. Schmankerl in der Schlossstube: Karpfensteiner Schwammerlsuppe, Rehnüsschen, Kürbiskernknödel

8 Kitzeck im Sausal
WEINHOF KAPPEL
Steinriegel 25, Tel. (034 56) 23 47, Fax 23 30, 7.30-ca. 22 Uhr, Mi/Do geschl., 8. Jan.-Ende Feb. geschl., warme Küche 11.30-14 Uhr und 17.30-21 Uhr, DZ 1600 ÖS Regionale Speisen wie Kitzecker Krebsgraben-Forelle und Sulmtaler Freilandhendl. Schöner Ausblick auf die steilsten Weingärten der Steiermark

2 Leutschach
WIRTSHAUS AM KÄSEHOF
Fötschach 9, Tel./Fax (034 54) 63 84, 12-22 Uhr warme Küche, Do geschl., 6. Jan.-Anfang Feb. geschl., Reservierung empfohlen Lamm aus eigener Aufzucht und Schafskäse in allen Variationen, als Terrine oder im Speck gebraten – ein gastronomischer Kracher der Südsteiermark

9 St. Stefan ob Stainz
WIRTSHAUS JAGAWIRT
Sommereben 2, Tel. (031 43) 81 05, Fax 81 74, E-Mail: goach@jaga wirt.at, 11.30-21.30 Uhr warme Küche, So bis 20.30 Uhr, Mi geschl., im Nov. Di/Mi geschl., Dez-ca. Ostern ganz geschl., DZ 960 ÖS Stilvolle ländliche Atmosphäre eines alten Wirtshauses, traditionelle Rezepte, naturfrische Produkte. Lammgerichte und Spanferkel (**s. S. 27**)

ALLES ÜBER DEN WEIN

MARKTGEMEINSCHAFT STEIRISCHER WEIN
Hamerlingg. 3, Graz, Tel. (03 16) 80 50 14 35, Fax 80 50 13 40, E-Mail: mgwein@steirischerwein.at, Website: www.steirischerwein.at

10 St. Anna am Aigen
GESAMTSTEIRISCHE VINOTHEK
Am Marktplatz, Tel./Fax (031 58) 28 01, Apr.-Nov. 11-18.30 Uhr, Mo geschl. Die besten Weine von 80 Winzern aus allen drei Anbaugebieten der Steiermark zum Verkosten und Kaufen

➤ **s. auch „Tipps und Hinweise“**

MERIAN live!
Rom
Rom entdecken und erleben
10 MERIAN-Top-Ten, Sehenswertes
Hotels, Restaurants und Lokale von A–Z
Sprachführer und Eßdolmetscher
MERIAN-Tips
128 Seiten, Übersichtskarte, 2 Stadtpläne
Verkehrslinienplan, Detailpläne Foro Romano
San Pietro in Vaticano, Musei Vaticani
Galleria Borghese
Lunedi' 5.6.2000
Lunedi' 5.6.2000
15-17
La Dolce Vita
Giandujo
di Torino
Chiuso Domenica sera e Lunedì
EH 630687 D

The reference in digital mapping Tele Atlas
MERIAN scout
Mit Platzbeschreibung vom GOLF magazin
Deutschland
Golf special
Reiseführer mit Navigation im Auto
VERSION 2000
TravelPilot
BLAUPUNKT

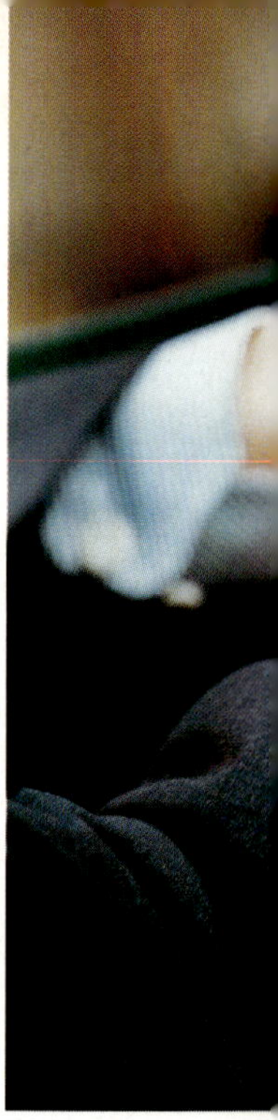

Blick durch den im

Einsichten

Robert Schauer ist auf die höchsten Gipfel gestiegen. Erlebte Glücksmomente des Erfolgs, wurde am Mount Everest Zeuge einer Katastrophe und geriet im Himalaja selbst in Lebensgefahr. Daraus hat er Lehren gezogen

Text: Dirk C. Fleck

Dass einem im Laufe der Jahre eine Menge zufallen kann, hat Robert Schauer zur Genüge erfahren, aber an Zufälle glaubt er nicht. Vielleicht muss man wie er einmal zwischen Himmel und Hölle gehangen haben, um zu der Einsicht zu gelangen, dass sowohl die negativen wie die positiven Ereignisse eines Lebens in einem ursächlichen Zusammenhang stehen. Denn seither fällt es ihm leicht, jene Realität infrage zu stellen, die für die meisten Menschen das Maß aller Dinge ist.

1985 war es, als er zusammen mit dem Polen Wojciech Kurtyka in der Westwand des Himalaja-Riesen Gasherbrum IV in 7800 Meter Höhe ohne Nahrung und Wasser sechs Tage lang bei Minus 25 Grad von einem Sturm zur Bewegungslosigkeit verurteilt worden war. „Ich bin dort in einen Bewusstseinszustand geraten, der mir bis dahin völlig unbekannt war," sagt der Mann, der bereits sieben Jahre zuvor als erster Österreicher den Mount Everest bezwungen hatte, was ihn zumindest in seiner Heimatstadt Graz zeitlebens zum Helden erhebt.

Schauer kann mit dem Heldenstatus leben, doch er bedeutet ihm nichts. Es sind die Erfahrungen in der Steilwand des Gasherbrum, die ihn vor Eitelkeit und Selbstüberschätzung schützen. Er befand sich in einer „separate reality", wie er es nennt, in einer anderen Wirklichkeit. Sein Körper drohte auszutrocknen, die Stimmbänder hatten versagt. Aber die Kommunikation mit seinem Partner funktionierte, sie suchte sich nur andere, feinere Wege. Selbst im Zustand völliger Erschöpfung, als sich der Geist vom Körper löste, er sich aus der Vogelperspektive am Berg kleben sah, blieb das gedankliche Band zwischen den Leidensgenossen intakt. Sie haben es überlebt. Irgendwie.

Nie jedoch wird Robert Schauer die Situation vergessen können, in der es ihm nicht mehr möglich war, zwischen Halluzination und Wirklichkeit zu unterscheiden. In der Fachwelt gilt sein riskantes Unternehmen längst als Meilenstein des Höhenbergsteigens – wegen des „eleganten Stils". Schauer war die Wand auf alpine Weise angegangen, also ohne Fixseile und vorher aufgebaute Lagerkette. Ein unmögliches Unterfangen, jedenfalls nach damals geltender Expertenmeinung.

Wir sitzen beim Wein im Innenhof des Grazer Zeughauses. Die Kellner sind um das Wohl des prominenten Gastes sichtlich bemüht, bleiben aber dezent. Anders kann man sich diesem Mann auch nicht nähern. Schauer ist ein stiller Charakter, der seine „Gipfelstürme" nur ungern öffentlich breit getreten sieht. Zutiefst missfällt ihm, wie die kleine Kaste der Extrembergsteiger sich inzwischen den Gesetzen der Mediengesellschaft unterwirft.

„Immer wieder höre ich von Leuten, dass ich mich viel besser hätte vermarkten können", sagt er. Dabei lächelt er wie einer, der heilfroh ist, dass er sich in dieser Frage rechtzeitig anders entschieden hat. „Ich bin kein Bergsteiger im Auftrag", fügt er hinzu. „Natürlich haben die Medien ein ums andere Mal versucht, mir Geschichten zu entlocken, die man besser für sich behält." Er denkt dabei vor allem an die Everest-Expedition im Mai 1996, bei der ihn sein Partner David Breashears als Kameramann begleitete. Das Ergebnis im 70 mm IMAX-Format (spektakuläre Filmprojektions-Technik) lockte 1998 mehr als 20 Millionen Menschen in die Kinos.

Als erster Österreicher bezwang Robert Schauer 1978 den Mount Everest. Doch Held in Graz zu sein bedeutet ihm wenig

Grund für das immense Publikumsinteresse war sicher die weltweite Berichterstattung über das Drama, das sich damals am Mount Everest abgespielt hatte. Acht Bergsteiger einer anderen Expedition zahlten das Unternehmen mit dem Tod. Schauer und sein Team wurden Zeuge der Tragödie. Aber anstatt mit den Kameras draufzuhalten, stellten sie die Dreharbeiten ein und beteiligten sich an den Rettungsarbeiten. Von zwei der Verunglückten (den erfahrenen neuseeländischen Bergsteigern Rob Hall und Scott Fisher) hatte er Fotos gemacht. „Ich wollte die Bilder den Witwen geben. Die Presse war dahinter gekommen und bot mir beträchtliche Summen an. Aber wichtig war doch nur, dass ich mir selber treu blieb." Dass die Witwen aus eben diesen Bildern später Kapital schlugen, ist ihm egal.

So ein Mann eignet sich nicht als Vorlage für spektakuläre Secondhand-Schauder, wie sie das Millionenheer der Couch-Potatoes risikolos zu konsumieren gewohnt ist. Schauer hat seine eigene Philosophie entwickelt.

„Ich mag es nicht, wenn man davon spricht, dass man einen Berg bezwingt", sagt er beispielsweise. „Dieses

ginären Rahmen: Robert Schauer veranstaltet das Grazer Bergfilmfestival

am Berg

Wort steht in einem Kontext, mit dem ich mich nicht anfreunden kann. Extrembergsteigen ist eine egoistische Angelegenheit, da wird alles gefordert, was man in sich trägt. Welche physischen und psychischen Voraussetzungen bringe ich mit, um der Aufgabe gerecht zu werden? Der Berg ist ein ewiger Wetzstein, an dem man sich mit seiner ganzen Persönlichkeit reibt."

Schauer zögert einen Moment, als prüfe er das Gesagte auf seinen pathetischen Gehalt. Pathetisch möchte er auf keinen Fall erscheinen. Andererseits: Wie soll man einem Journalisten aus der Norddeutschen Tiefebene begreiflich machen, dass man süchtig ist nach der Gratwanderung zwischen Leben und Tod, und dass diese doch nur dem Leben zugute kommt?

„Ich bin keiner, der den Weg des geringsten Widerstandes geht", sagt er schließlich, „ich wachse eher mit den Schwierigkeiten und dann auch über sie hinaus. Bergsteigen ist eine gute Möglichkeit, ausgetretene gesellschaftliche Pfade zu umgehen."

Für Schauer ein langer Weg. Als Achtjähriger litt er unter schwerem Asthma, konnte nicht einmal zehn Meter bergauf hetzen, ohne blau anzulaufen. Seine Lunge machte zu anstatt auf. Zwei Jahre verbrachte er die Sommermonate in einer Lungenheilstätte. Es war sein körperliches Handicap, das den Willen formte, außergewöhnliche Herausforderungen anzunehmen und zu bestehen. „Berge zogen mich magnetisch an", gesteht er, „aber ich wusste, dass ich nur in bester körperlicher Verfassung hinter ihre Geheimnisse kommen würde."

Im Grazer Bergland lernte er nach seiner Genesung die eigenen Möglichkeiten kennen; hier entdeckte er, was ihm in seiner langen Karriere immer wichtiger bleiben sollte als der so genannte Gipfelsieg: guter Stil. Schauer gilt als Ästhet unter den Extrembergsteigern, das macht seinen Ruf aus. Was muss man sich unter gutem Stil vorstellen? „Respekt vor dem Berg. Kleine Expeditionen, kleiner Aufwand. Ich steige nicht in eine Wand, in der ich mich raufkrampfen muss, nur um später sagen zu können, ich habe einen Siebentausender gemacht."

Klettern ist immer noch etwas Wunderbares. Aber heute wollen sich viele Expeditionen nur einen Gipfel erkaufen

Die Steiermark, findet er, ist für Anfänger der ideale Einstieg, um für größere Aufgaben zu trainieren. „Wer sich am Dachstein, Gesäuse, Hochschwab das nötige Rüstzeug geholt hat, kann in die Hochalpen gehen. Für mich war das eine gesunde Entwicklung in Richtung der wirklich großen Ziele."

Inzwischen sind die Alpen zum Dorado unserer Freizeitgesellschaft verkommen und nicht wenige, die sich vor seiner Haustür auf die Gipfel quälen, tun dies aus ganz anderen Motiven als er seinerzeit. „Ich bin keiner, der sich über dieses Massenphänomen lustig macht", sagt Schauer. „Auf einen Berg zu steigen, ist immer noch etwas Wunderbares. Man muss es nur im richtigen Bewusstsein tun. Erst dann gewinnt man Erkenntnisse, die man unter normalen Umständen nicht erlangt."

Wer die Bilder der heutigen *freeclimber* und *cliffhanger* vor Augen hat, könnte meinen, dass das Bergsteigen zu einem Nervenkitzel für Hassardeure verkommen ist. Schauer schüttelt den Kopf: „Gefährlich wird es nur, wenn man sich Ziele steckt, die man nicht erfüllen kann. Es gibt leider viele Expeditionen, die nur aufgrund einer prall gefüllten Brieftasche zustande kommen. Die Leute wollen sich einen Gipfel erkaufen, ohne die geringsten Eigenschaften mitzubringen. Sie nehmen einfach nicht die nötigen Vorbereitungen auf sich, ohne die so ein Unternehmen nicht gelingen kann."

Robert Schauer ist mittlerweile 47. Die großen Brocken liegen hinter ihm, das weiß er. Wehmut empfindet er nicht. Seine Aufmerksamkeit gilt nun ganz dem Internationalen Berg- und Abenteuer Filmfestival, das er seit 1988 in Graz mit wachsendem Erfolg veranstaltet. In der Stadt, in der er 1953 geboren wurde – im selben Jahr, in dem Edmund Hillary als Erster den Mount Everest bezwang. Zufall? Der Schauer Robert lächelt und schweigt.

Dirk C. Fleck *lebt als freier Journalist und Buchautor in Hamburg.*

Foto: Peter Rigaud

Die Steiermark gibt Gas

Seit Steyr-Daimler-Puch, renommierter Hersteller von Allradfahrzeugen, Zulieferer um sich schart, erlebt die Region ihren wirtschaftlichen Höhenflug. „Cluster", Zusammenballung, heißt jetzt das Zauberwort

Sein Durst ist Spitze, aber auch seine Geländetauglichkeit: der Puch/Mercedes G als Cabriolet

Foto: Kurt Pinter

Text: Reinhard Engel

Den Sound kennt man über die steirischen Grenzen hinweg: brabbelnd, grollend, dumpf, mächtig. „Wir filtern die hohen Frequenzen heraus", erklärt der Herr der Töne, der Geschäftsführer des Sportauspuff-Produzenten Sebring, Otto Kresch. „Ohne dass die gesamte Lautstärke zunimmt, klingt das Auto besser. Und der Abgasgegendruck ist bei unseren Anlagen geringer. Das bringt zwischen drei und fünf Prozent mehr Leistung."

Otto und Angelika Kresch, denen die Hälfte des 500-Mitarbeiter-Unternehmens in Voitsberg gehört, sind die Protagonisten einer der vielen Erfolgsgeschichten der Autobranche rund um Graz. Begonnen hatten beide in der Auspuff-Firma Sebring. Im Jahre 1990 – er war Geschäftsführer, sie Verkaufsleiterin – kam es zum Bruch mit den Eigentümern. Mit Hilfe lokaler Investoren gründete das Ehepaar das Konkurrenzunternehmen Remus und machte innerhalb weniger Jahre die neue Marke zur europaweiten Nummer eins unter den Sportauspuffen. Ihren Schriftzug trägt Jacques Villeneuve auf der Kappe.

Vor zwei Jahren hatten die Kreschs ihre ehemalige Firma so sehr unter Druck gesetzt, dass sie sie übernehmen konnten. Jetzt vereinen sie in ihrer Sebring-Gruppe die Nummer eins und die Nummer zwei des Spezialmarktes, und die Auftragslage scheint grenzenlos zu sein.

Die Kreschs sind nicht die Einzigen, die in der Steiermark mit anderen Produkten als Kernöl oder Wein Erfolg haben. 130 Unternehmen haben sich zum Auto Cluster Styria zusammengeschlossen. Mit „ACstyria" ist die steirische Automobilindustrie zum bedeutendsten Wirtschaftszweig der Steiermark geworden, längst größer als der einstige Spitzenreiter, die Eisen- und Stahlproduktion. Flaggschiff des *Clusters* – auf Deutsch „Zusammenballung" – ist die Steyr-Daimler-Puch AG, kurz SDP. Sie ist weltweit renommierter Spezialist für den Allradantrieb mit inzwischen fast 50-jähriger Erfahrung in dieser

Johann Puch, Ingenieur aus Slowenien, gründete 1899 das „Puchwerk“

Selbst in extremem Gelände vermittelt der Puch/Mercedes G höchsten Fahrkomfort. Dank ausgefeilter Fahrwerkstechnik

Technologie. Doch längst werden nicht mehr allein Komponenten entwickelt und an die großen Autokonzerne geliefert, sondern ganze Kleinserien exklusiver Modelle und Nischenfahrzeuge selbst produziert – die G-Reihe von Mercedes beispielsweise.

Die Palette der Cluster-Firmen ist bunt. Es gibt örtliche Ableger internationaler Zuliefer-Konzerne wie die Sitze-Hersteller Lear oder Johnson Control. Andere produzieren Teppiche und Autospiegel. Im obersteirischen Bruck werden in Maßarbeit Spezialteile aus Titan für Formel-Eins-Rennwagen gedreht und gefräst. In Feldbach entsteht feinstes Sitzleder für Porsche, Audi und Volkswagen. Manch kleiner Gewerbebetrieb stanzt bloß einfache Blechteile oder spritzt Kunststoff-Abdeckungen für Lautsprecher. Und winzige Ingenieurbüros tüfteln als Sublieferanten an Detailproblemen.

Das Wachstum dieser Betriebe mit insgesamt 15 000 bis 17 000 Beschäftigten ist erstaunlich, denn nicht nur in Hightech-Unternehmen werden Spezialisten knapp. „Wir nehmen, wen wir kriegen können“, sagt Auspuff-Fabrikant Kresch. Während in Österreich zwischen 1995 und 1998 die Produktion um 35 Prozent zunahm, konnte der ACstyria 92 Prozent Zuwachs verbuchen, also beinahe das Dreifache. Die Tendenz ist anhaltend, und der Erfolg übertrifft den Gründungsoptimismus des Clusters zu Beginn der neunziger Jahre beträchtlich.

Damals hatten sich in Graz Unternehmer, Politiker und Verbandsfunktionäre zusammengefunden, weil sie das Etikett „Krisenregion“ loswerden wollten, und zwar vor allem durch „Bündelung existierender Stärken“. So hatten sie es in der damals aktuellen amerikanischen Management-Literatur beim Ökonomen Michael Porter gelesen. Die Think-Tank-Runde suchte daher wichtige, lokale Branchen und wurde beim Automobil fündig.

Was von vornherein ausschied, war eine planwirtschaftlich anmutende Großlösung, etwa die Gründung eines regionalen Konzerns. Zu schlecht waren die Erfahrungen mit der alten verstaatlichten Eisen- und Stahlindustrie. Also wurde eine lockere Struktur gebastelt: Rund um die großen regionalen Leitbetriebe – den Allradspezialisten Steyr-Daimler-Puch Fahrzeugtechnik, die Chrysler-Autofabrik Eurostar, das Motor-Engineering-Büro AVL-List und die kanadische Zuliefer-Gruppe Magna – sollten sich die kleineren und mittleren Branchenkollegen formieren.

„Anfangs gab es große Missverständnisse“, erinnert sich einer der Gründer, Thomas Krautzer von der Industriellenvereinigung Steiermark. „Manche glaubten, sie könnten auf einem Blanko-Zukunfts-Ticket des Clusters reisen.“ Doch mit dem gemütlich-österreichischen Mauscheln war Schluss in den internationalisierten Kundenbeziehungen, wo um Groschen, Hundertstelmillimeter und Liefertage gefeilscht wird.

Nachdem der Cluster die Steiermark als Auto-Region auf die Landkarte gesetzt und damit für weitere Ansiedlungen interessant gemacht hatte, begann die Lobbyarbeit für die Unternehmen. In Graz wurde die branchenbezogene Fachhochschule für Fahrzeugtechnik gegrün-

Er zog Österreichs Autoindustrie aus der Krise: der Haflinger, ein „mechanisches Tragetier“, benannt nach der Pferderasse

det. Dann fand ein reger Austausch zwischen den Managern und Unternehmern der Region statt. Manche hatten jahrzehntelang Tür an Tür gearbeitet, kaum etwas voneinander gewusst und mögliche Kooperationen verschlafen. Schließlich begann ein Bildungs- und Vortragsprogramm für Tausende von Beschäftigten.

„Das hat den Kleinen am meisten gebracht“, sagt Manfred Kainz, ein weststeirischer Manager, der mit seinem Witz und offenem Hemd leicht als lustiger Geselle vom Feuerwehrfest durchgeht. Kainz kokettiert damit, dass er bloß „Hundefutterverkäufer“ gelernt habe. In Wirklichkeit meint er damit eine spannende Zeit bei Master Foods, wo er fast alles gelernt hat, was den Erfolg eines multinationalen Konzerns ausmacht.

Kainz ist Geschäftsführer und Mitbesitzer eines kleinen Multis mit 120 Mitarbeitern: TCM International, Tool Consulting & Management. Von seinem Büro in Graz dirigiert er Techniker und Monteure bei Opel in Ungarn, bei VW in Polen, in Slowenien und vielleicht bald auch am anderen Ende der Welt in Australien. Er hat eine Nische als Dienstleister gefunden, im Herzen der Großindustrie, vor allem der deutschen Autowerker. Seine Mitarbeiter warten Bohrer, Fräser und andere Spezialwerkzeuge und nehmen den Motorenherstellern damit ein Stück Komplexität aus ihren Großstrukturen.

Für Manfred Kainz liegen die Vorteile des Clusters auf der Hand: „Wo komme ich so schnell an Konzern-Vorstände heran? Wo sonst erfahre ich so aktuelle neueste technische und organisatorische Entwicklungen?“

Die lokalen Großunternehmen – im internationalen Vergleich alles andere als Giganten – waren in dem Prozess eher die Geber. Wohl stand der eine oder andere Lieferant um die Ecke auf, den man bisher übersehen hatte, aber insgesamt geben sich die Leitbetriebe mäßig glücklich.

„Wir haben die Möglichkeiten der Kleinen ein wenig überschätzt“, gesteht Josef Affenzeller, erfahrener Ingenieur im 1900 Mitarbeiter starken Engineering-Büro AVL-List, dem weltweit größten Forschungs- und Entwicklungszentrum für Motoren- und Messtechnikentwicklung. Er ist für die Beziehungen zum Cluster und zu den Universitäten verantwortlich. „Die können nicht einfach zehn Prozent vom Umsatz in die Forschung stecken.“ Dennoch will sein Unternehmen, das bei der Entwicklung der modernen TDI-Dieselmotoren maßgebend war und jetzt an Benzin-Direkteinspritzern arbeitet, neue Kooperationen vorantreiben.

Zwei der großen *local players*, AVL-List und Steyr Fahrzeugtechnik, haben sich mit der Technischen Universität Graz zusammengeschlossen und betreiben gemeinsam ein Akustik-Kompetenzzentrum. „Wir arbeiten keine Kundenaufträge ab“, erklärt Affenzeller. „Es geht bei uns ausschließlich um die Entwicklung neuer Technologien.“ Auch zur Montan-Universität in Leoben unterhalten die Automobilfirmen Kontakte, dort wird nicht nur im Bereich der Bergwerkstechnik geforscht, sondern auch nach neuen Werkstoffen gesucht.

„Wir könnten auch allein stehen“, sagt Hubert Hödl, Vertriebsvorstand der Steyr-Daimler-Puch Fahrzeugtechnik AG. „Trotzdem ist es für uns von Nutzen, dass sich die gesamte Region mitentwickelt.“ Aber er kann sich den Nachsatz nicht verkneifen: „Der Cluster steht und fällt mit dem Erfolg in unserem Haus. Bevor es bei uns mit großen Stückzahlen losging, war da nichts.“

Am Beispiel von SDP lässt sich Elend und neuer Glanz der Branche sehen: Gegründet wurde das „Puchwerk“, wie die Steirer heute noch sagen, 1899 von dem slowenischen Ingenieur Johann Puch. In der Krise der Zwischenkriegszeit fusionierte der Fahrrad- und Automobil-Hersteller mit den Konkurrenten Steyr im oberösterreichischen Ort Steyr und Austro Daimler in der Landeshauptstadt Graz zur Steyr-Daimler-Puch AG, wurde aber in der Kriegszeit zum Rüstungskonzern.

In den fünfziger Jahren lief mit dem Puch 500 wieder ein Auto vom Band. Das war eine Adaption des winzigen Fiat Cinquecento mit steirischem Zweizylinder-Boxermotor, Österreichs Wirtschaftswunder-Antwort auf den deutschen VW-Käfer. Zwar wurde der Kleinwagen bis 1973 weiterproduziert, aber die Stückzahl sank dramatisch. Und mit ihr die Fortune des Konzerns.

Steyr-Daimler-Puch rutschte tief in die Krise. Der reiche Konzern hatte als „Bank mit angeschlossener Produktion“ gegolten und musste nun Jahr für Jahr Verluste mit der Auflösung des Tafelsilbers abdecken. 1987 wurde in Graz die Fahrradproduktion eingestellt, und in Steyr begann der große Ausverkauf: Bussparte an Volvo, Lkw an MAN, Traktoren an Case. „Eigentlich waren wir konkursreif“, erinnert sich ein Spitzenmanager.

Aber SDP-Generaldirektor Rudolf Streicher besann sich einer Grazer Spezialität. 1959 war dort ein kleines Allradfahrzeug entwickelt worden – der „Haflinger“, benannt nach der kleinen zähen Pferderasse und als

Fotos: Aleksandra Pawloff, Autopresse International

Armaturen des Audi TT in der Klimakammer. In Graz wurde die Produktion des Sportwagens vorbereitet, in Ungarn läuft er vom Band

„mechanisches Tragetier" gleichermaßen geeignet für hochalpine Truppen wie Bergbauern. Das ungewöhnlich geländegängige Leichtfahrzeug war nicht viel mehr als eine Bodenplatte mit einem winzigen luftgekühlten Zweitaktmotor, ausgestattet mit primitiven Sitzen. Ein österreichischer Motorjournalist bezeichnete den „Haflinger" einmal als „das vermutlich kompromissloseste Fahrzeug, das je gebaut worden ist". Seine Leistungsfähigkeit, was das Klettern angehe, würde nur „vom Mut des Fahrers begrenzt". Die Grazer bauten 16 000 Stück davon und exportierten den „Haflinger" in 110 Länder.

Auch den schwereren „Pinzgauer" entwickelten die Grazer Ingenieure noch allein. Ein weiterer Nischen-Welterfolg: als geländegängiger Truppentransporter, als Sanitätsfahrzeug, Lastesel in Kohlegruben und Trägerfahrzeug für Feuerwehrausrüstungen. Dieses Spezialfahrzeug stand am Beginn der ersten Kooperation mit Mercedes-Benz.

Puch/Mercedes G hieß der eckige Allrad-Geländewagen, der Fernsehzuschauern aus jugoslawischen Kriegen oder diversen Förster- oder Bergdoktor-Soap-Operas bekannt ist. Er ging 1999 in sein 20. Produktionsjahr und dürfte mit militärischen und auch zivilen (Luxus-) Varianten ein paar weitere Jahre schaffen.

Rund um diese Fahrzeuge hatte sich SDP schon zum Konstrukteur und Komponentenlieferanten von Allradantrieben entwickelt. Das Unternehmen lieferte 4x4-Teile für den Fiat Panda, den Opel Vectra und den Alfa 164, montierte in Graz geländegängige VW-Transporter und Golf Country, eine Art halbstarken Mini-Jeep auf Biedermann-Basis. In der Not wegbrechender Geschäftsfelder beteiligte sich SDP 1990 an einem Joint Venture namens Eurostar mit Chrysler. Auf dem Puch-Werksgelände in Graz, gleich neben der eigenen, mäßig ausgelasteten Fabrik, entstand eine moderne Fertigung für Voyager Minivans. Auch bei diesem Auftrag hatte die Allradkompetenz der Grazer eine Rolle gespielt. Chrysler bekam eine maßgeschneiderte Variante.

Mit den „Puchianern", die im neuen Werk ihr Brot verdienen konnten, war Chrysler offensichtlich zufrieden und erteilte einen weiteren Auftrag: Ab 1994 sollte SDP selbst den Jeep Grand Cherokee für Europa in Lohnarbeit fertigen. Nun hatte Graz plötzlich wieder eine Autoproduktion mit nennenswerten Stückzahlen. Mehrere 10 000 Chrysler passierten pro Jahr die Werkstore von Eurostar und SDP. Der US-Konzern konnte seine gewaltigen Montagebänder zu Hause nicht zuletzt deshalb so schnell laufen lassen, weil komplizierte Varianten wie Rechtslenker für den englischen und australischen Markt in Graz zusammengebaut wurden.

Mit demselben strategischen Argument wie bei Chrysler wird auch die Allradvariante der Mercedes E-Klasse, die sogenannte 4matic, in Graz gebaut: Die komplizierte Kleinserie würde in Sindelfingen nur stören. Und als erstes sichtbares Integrationsprojekt nach der Fusion der beiden Großkunden zur DaimlerChrysler AG läuft jetzt der Mercedes M vom selben Grazer Band wie der Jeep Grand Cherokee. Im amerikanischen Alabama konnte Mercedes die starke Nachfrage nach seinem eigenen „Sports Utility Vehicle" nicht mehr befriedigen. Die ausgetüftelte Logistik in Graz – die beiden Fahrzeuge haben keine einzige Schraube gemein – gilt in der Branche als Meisterleistung.

Ein weiterer Internationalisierungsschub für SDP und die gesamte Branche kam aus einer unerwarteten Ecke. Frank Stronach, ein Elektrikerlehrling aus dem oststeirischen Weiz, war nach dem Krieg nach Kanada ausgewandert und hatte dort eine Bilderbuchkarriere gemacht. Binnen weniger Jahrzehnte hatte er Magna, einen der weltgrößten Auto-Zuliefer-Konzerne aufgebaut. Anfang der neunziger Jahre kehrte er in seine Heimat zurück, mit einem Akzent wie Arnold Schwarzenegger und viel Geld im Gepäck. Er begann in Österreich Unternehmen zu gründen und zu kaufen. Der größte Brocken war 1998 Steyr-Daimler-Puch, den der staatliche Mehrheitsei-

Foto: Barbara Krobath

gentümer auf die Privatisierungsliste gesetzt hatte. Jetzt ist SDP in einen weltweit agierenden Konzern mit mehr als neun Milliarden Dollar Umsatz und fast 60 000 Mitarbeitern eingegliedert. „Wir profitieren davon, dass Magna wirklich global ist“, erzählt Steyr-Vorstand Hödl, „und Magna hat durch uns erstmals die Engineering-Kapazitäten, ein ganzes Auto zu entwickeln.“

Allein 1000 der 5500 SDP-Mitarbeiter sitzen in der Entwicklungsabteilung. Längst haben sie das bloße Allradsegment hinter sich gelassen. „Es gibt zwar auch andere gute Ingenieurbüros“, sagt Werner Grabherr, der Leiter des Projektmanagements, „aber was uns einzigartig macht, ist unsere gewaltige Produktionserfahrung. Und selbst wenn wir ein von uns entwickeltes Modell letztlich nicht bauen: Wir denken produktionsnah. Und das spart den Kunden viel Geld.“

Der bisher größte einzelne Entwicklungsauftrag mündete denn auch nicht in eine Fertigung, wohl aber in die Produktionsplanung und -vorbereitung. Das Auto, der Audi TT Sportwagen, läuft im ungarischen Györ vom Band, aber SDP kassierte für die Entwicklung von der Arbeit am CAD-Schirm bis zum Crash-Test immerhin mehr als 200 Millionen Mark.

Als erstes großes Ergebnis der Zugehörigkeit zum Magna-Konzern wird ab dem Jahr 2002 in Graz ein weiteres Auto-Modell zusammengebaut, diesmal aus dem General-Motors-Markenangebot: ein Saab Cabrio.

„Die Entwicklung in der Autoindustrie kommt uns absolut entgegen“, sagt SDP-Vorstand Hödl. „Die Varianten nehmen rasch zu, die Entwicklungszeiträume werden kürzer. Selbst schaffen das die Konzerne nicht mehr – nicht die Fertigung von kleineren Serien und auch nicht die Entwicklung von Minivans oder Cabrios auf der Basis schon existierender Limousinen-Plattformen. Uns geht es darum sehr gut.“

130 000 Autos wurden 1999 in Graz gebaut, in den nächsten Jahren wird die Zahl in Richtung 200 000 gehen. Zu den Mercedes- und Chrysler-Modellen kommt 2002 bei SDP der Saab. Chrysler legt ab 2001 zusätzlich zum Voyager das „Gangsterauto“ PT Cruiser aufs Band.

Vom Aufschwung bei SDP werden die örtlichen Zulieferer weiterhin profitieren. Sebring-Chef Otto Kresch, der bis jetzt vor allem an den Handel verkaufte, sieht die direkte Zulieferung an die Konzerne mit großen Erwartungen. Eine erste Chance gab ihm der Cluster mit Auspuffen für den Puch/Mercedes G. „Das sind keine besonders großen Stückzahlen“, sagt der Unternehmer. Aber er war schon von der Entwicklung an dabei, und vor allem diente der Auftrag als Türöffner für weitere – umfangreichere – Bestellungen von Mercedes.

Autos bauen ist nicht nur ein Strategiespiel. Neben Kopf und Rechenstift verlangen auch die Sinne ihr Recht. Selbst Otto Kresch bleibt bei PS-starken Autos nicht ungerührt: Zu seinen Kunden nach Deutschland fährt er in einem silbernen S 500 AMG – mit Zulieferteilen aus dem eigenen Unternehmen. Sehr schnell. Und mit dem hauseigenen Sound.

Reinhard Engel, *gebürtiger Steirer, ist Autor und Wirtschaftsjournalist in Wien. Beim Czernin-Verlag, Wien, erschien von ihm „Schöne, neue Wirtschaftswelt. Reportagen über Gewinner und Verlierer“.*

Eine Bilderbuch-Sommerfrische: die Neustattalm in der Ramsau vor dem Dachsteinmassiv

Vom Dachstein bis zum Weinland – die Steiermark ist ein vielfältig schönes Land. Sein Reichtum spiegelt sich auch in den regionsbewussten Steirern: Glück hat, wer bei ihnen zu Gast ist

LANDESDATEN UND GESCHICHTE

Die Steiermark ist nach Niederösterreich das zweitgrößte der neun Bundesländer Österreichs
Fläche *............... 16388 km²*
Einwohner *........... ca. 1,2 Mio.*
Landeshauptstadt
Graz .... 240200 Ew.
Der Höhenunterschied zwischen dem höchsten (Hoher Dachstein, 2995 m) und dem tiefsten Punkt (Radkersburg) beträgt 2800 m

Ab 150000 v. Chr. *Höhlenfunde altsteinzeitlicher Kulturen*
800-400 v. Chr. *Ältere Eisenzeit: Illyrische Hallstattkultur. Grabfund mit „Totenmaske" und „Kultwagen von Strettweg" von Judenburg*
400-15 v. Chr. *Kelten und Illyrer gründen das Königreich Norikum*
15 v. Chr.-476 n. Chr. *Provinz des römischen Reiches*
8. Jh. *Die Slawen, die nach der Verödung durch die Völkerwanderung die Steiermark besiedelt haben, rufen die Bajuwaren gegen die Awaren zu Hilfe. So kommt es zur bairischen Herrschaft*
788 *wird das Land fränkisch*
10. Jh. *Magyareneinfälle (955 Abwehrschlacht auf dem Lechfeld). Die Steiermark wird Teil des südöstlichen Markengürtels gegen die Gefahr aus dem Osten*
1050 *Die Traungauer aus Steyr werden zu Markgrafen auf steirischem Gebiet*
1180 *wird die Steiermark zum Herzogtum erhoben, in der Georgenberger Handfeste 1186 mit Privilegien ausgestattet, 1192 der Babenberger Herrschaft unterstellt. Der letzte Babenberger fällt 1246*
1276 *entschließt sich der steirische Adel für Rudolf von Habsburg*
1282 *belehnt dieser seine Söhne Rudolf und Albrecht mit den Herzogtümern Österreich und Steiermark*
Bis 1918 *bleiben die Geschicke der Steiermark mit denen der Habsburger verbunden. Die Teilungen der Erblande stärken im Mittelalter und in der frühen Neuzeit die steirische Position*
1379 *im Vertrag von Neuberg wird Graz zur Haupt- und Residenzstadt Innerösterreichs benannt*
1440/52-1493 *Kaiser Friedrich III. macht Graz zur Kaiserresidenz. Erste Blütezeit mit reger Bautätigkeit. Das Land erleidet im 15. Jh. jedoch viele Unbilden: neben Kampf und Streit die drei „Landplagen", dargestellt auf dem Landplagenbild am Grazer Dom von*
1480 *mit Pest, Türken und Heuschrecken! Kaiser Friedrich III. begründet durch Heiratspolitik die Großmachtstellung seines Hauses, bleibt der Nachwelt aber als tatenlos in Erinnerung*
16. Jh. *Prägung durch Reformation und Türkengefahr: Graz wird zur Hauptfestung Innerösterreichs ausgebaut*
1564-1619 *erlebt Graz als Residenzstadt seine zweite Blütezeit: Schloss Eggenberg und das Mausoleum werden gebaut*
1619 *verlegt Kaiser Ferdinand II. die Residenz nach Wien. Die Steiermark verliert an Bedeutung*
1797-1809 *besetzen französische Truppen in den Napoleonischen Kriegen viermal das Land; es erholt sich erst unter der fördernden Tätigkeit Erzherzog Johanns, des „Steirischen Prinzen"*
1811-1859 *reformiert Johann die Steiermark auf fast allen Gebieten. Die Stiftung seiner Sammlungen wird z.B. der Grundstock des heutigen Landesmuseums Joanneum. Aufgrund der Initiative Johanns*
1844-1857 *Bau der Bahnverbindung Wien-Graz-Triest mit dem Teilstück über den Semmering, damit wirtschaftlicher Aufschwung und Industrialisierung der Eisenverarbeitung in der Mur-Mürz-Furche*
1919/20 *Im Frieden von St. Germain wird die Steiermark Bundesland der Ersten Republik Österreich, verliert aber mit der Untersteiermark ein Drittel ihres Territoriums an Jugoslawien*
1938-45 *Als Reichsgau erleidet das Land in den letzten Wochen des Zweiten Weltkriegs schwere Zerstörungen durch Luftangriffe*
Mai 1945 *Einmarsch russischer Truppen, danach bis 1955 britische Besatzungszone. Durch den „Eisernen Vorhang" wird das Land in eine extreme Randlage gedrängt; trotz Wiederaufbaus starke Abwanderung aus den Grenzgebieten*
1991 *Mit der Unabhängigkeit Sloweniens, dem Fall des Eisernen Vorhangs und dem EU-Beitritt ändert sich die geopolitische Lage der Steiermark. Das Land erlebt einen neuen Aufschwung*
Seit 1996 *steht mit Waltraud Klasnic (ÖVP) erstmals eine „Landeshauptfrau" an der Spitze der Landesregierung*

AUSKUNFT

Deutschland
ÖSTERREICH-WERBUNG
82019 Taufkirchen bei München, Rotwandweg 4, Postfach 1231, Tel. (089) 66 67 01 00, Fax (089) 66 67 02 00 E-Mail: oewmuc@isar.de, Website: www.austria-tourism.at

Schweiz
ÖSTERREICH-WERBUNG
CH-8036 Zürich, Postfach, Tel. (01) 451 15 51, Fax (01) 451 11 80, E-Mail: oewrh@acces.ch

Österreich
ÖSTERREICH-WERBUNG
A-1040 Wien IV., Margaretenstraße 1, Tel. (01) 588 66 - 0, Fax (01) 588 66 - 48

Steiermark
STEIRISCHE TOURISMUS GMBH
A-8042 Graz, St. Peter Hauptstr. 243, Tel. (03 16) 40 03, Fax 40 03-30 E-Mail: tourismus@steiermark.com Website: www.steiermark.com

TELEFON

Vorwahl für Österreich: 0043
Polizei: 133
Rettung: 144
Bergrettung: 140
Ärztenotdienst: 141
Feuerwehr: 122
ÖAMTC-Pannendienst: 120

WÄHRUNG

Der Österreichische Schilling (ÖS) ist eine Euro-Währung mit festem Kurs. 100 ÖS = 14,21 DM

Stand: November 2000. Zur raschen Orientierung wird auf die Planquadrate der großen MERIAN-Karte hingewiesen

ANREISE

Mit dem Auto Die Autobahn (A2) von Wien nach Graz (2 Stunden) und weiter nach Klagenfurt, Villach und zur italienischen Grenze (2 Stunden) ist seit 1999 durchgehend befahrbar. Damit besteht ein direkter Anschluss an die (mautpflichtige und staugeplagte) Tauernautobahn A10. Aus Richtung Norden kommend empfiehlt es sich, beim Knoten Ennstal nach Radstadt auf die Bundesstraße 146 abzubiegen. Bei Liezen besteht Anschluss an die Pyhrn-Autobahn A9 Richtung Graz und Spielfeld. Landschaftlich reizvolle Alternative: die gut ausgebaute Straße über die Radstädter Tauern ins Murtal. Die A9 erreicht man ebenso über die Autobahn Nürnberg-Passau und die A 8 über Wels, allerdings ist sie in Oberösterreich noch nicht ganz fertig ausgebaut und der Bosrucktunnel zusätzlich mautpflichtig. Schnellstraßen: S6 Semmering nach Bruck/Mur; S 36 von dort muraufwärts bis Judenburg und die S 35 murabwärts bis zur A9 Richtung Graz. Vignettenpflicht (105 ÖS für 10 Tage, 300 ÖS für 2 Monate) besteht auf allen Autobahnen und Schnellstraßen; zusätzlich mautpflichtig sind der Gleinalmtunnel und der Bosrucktunnel (je 110, für beide 180 ÖS) bei Liezen (A 9)
Mit dem Zug von Wien: im Stundentakt (ca. 2,5 Std). Ein Erlebnis: die Semmering-Strecke! Von Salzburg: 5 Verbindungen tgl., Fahrzeit gut 4 Std. Von Zürich: direkter Nachtzug
Mit dem Flugzeug acht Direktflüge tgl. von Frankfurt und München nach Graz-Thalerhof, einer tgl. von Stuttgart. Von Düsseldorf tgl. drei Flüge über Linz bzw. Salzburg, von Zürich zehn Direktflüge. Innerösterreichische Direktverbindungen: tgl. sieben von Wien, fünf von Innsbruck, zwei von Linz und eine von Salzburg.

GRAZ

Telefonvorwahl: 0316

GRAZ INFORMATION
A-8010 Graz, Herrengasse 16, Tel. 8075-0, Fax 8075-20 E-Mail: info@graztourismus.at Website: www.graztourismus.at Zimmeranfragen u. Buchungen: Tel. 8075-10, Fax 8075-15, E-Mail: reservierung@graztourismus.at

INFO AM HAUPTBAHNHOF
A-8020 Graz, Europaplatz 6, Tel. 8075-0, Fax 8075-25

ÜBER NACHT

ERZHERZOG JOHANN
Sackstraße 3-5, Tel. 811616, Fax 811515, E-Mail: office@erzherzog johann.com, 62 Zi., DZ 1950-2850 ÖS Erstklassiges traditionsreiches Haus. Der glasüberdachte, helle Innenhof ist eine k.u.k.-Herrlichkeit

GRANDHOTEL WIESLER
Grieskai 4-8, Tel. 70660, Fax 706676, E-Mail: wiesler@weitzer.com, 98 Zi., DZ 2800 ÖS Fünf-Sterne-Haus am Murufer mit Ausblick zum Schlossberg. Gemütliche Bar. Das sehr gute Restaurant „Schauer im Wiesler" wurde von Philippe Starck gestaltet

GRAZERHOF
Stubenberggasse 10, Tel. 824358, Fax 819633-40, 25 Zi., DZ 1090 ÖS Familienbetrieb in der Fußgängerzone innerhalb der Altstadt

HOTEL ZUM DOM
Bürgergasse 14, Tel. 824800, Fax 824800-8, E-Mail: domhotel@dom hotel.co.at, Website: www.domho tel.co.at, 25 Zi., DZ ab 1950 ÖS Modernes Wohndesign in einem alten Palais, künstlerisch individuell gestaltete Zimmer, schöner Wintergarten

LANDGASTHOF HÄUSERL IM WALD
Roseggerweg 105, Tel. 391165, Fax 392277, E-Mail: legenstein@aon.at, 24 Zi., DZ ab 900 ÖS Am Spazierweg vom Hilmteich durch den Lechwald in einem Villenviertel gelegen

NOVAPARK
Fischeraustr. 22, Tel. 682010-0, Fax 682010-55, E-Mail:office@novapark. at, Website: www.novapark.at, 120 Zi., DZ 1260 ÖS 1999 umgebaut, großzügig mit Fitnessanlagen ausgestattet

ROMANTIK PARKHOTEL
Leonhardstraße 8, Telefon 3630-0, Fax 3630-50, E-Mail: romantik@park hotel-graz.at, Website: www.roman tikhotels.com/graz, 65 Zimmer, DZ ab 1880 ÖS Nahe dem Stadtpark und direkt gegenüber dem Meranpark mit der Musikhochschule

SCHLOSSBERG HOTEL
Kaiser-Franz-Josef-Kai 30, Telefon 8070-0 und Fax 8070-70, E-Mail: office@schlossberg-hotel.at, Website: www.schlossberg-hotel.at, 54 Zi., DZ ab 2400 ÖS Am Fuße des Schlossberges sind drei Altstadthäuser geschickt zu einem Hotel mit stilvoller Einrichtung umgestaltet worden. Aus einigen Mansardenzimmern hervorragender Blick über die berühmte Dachlandschaft der Altstadt. Wochenendtarife!

STOFFBAUER
Oberer Plattenweg 21, Tel. 685300, Fax 685300-4, E-Mail: stoffbauer@ styria.com, 11 Zi., DZ ab 900 ÖS In ländlicher Umgebung, aber doch nicht weit vom Zentrum, wurde ein altes Ausflugsgasthaus liebevoll renoviert und mit anheimelnden Gästezimmern ausgestattet

VITAL-PENSION TEUSCHLER
Mariatrosterstr. 12, Tel. 321448 und Fax 321448-4, E-Mail: pension@ teuschler.at, Website: www.pension. teuschler.at, 26 Zi., DZ ab 980 ÖS Freundlich und modern ausgestattete Zimmer, alle zum Hof hin gelegen. Parkplatz und nahe der Universität

ESSEN UND TRINKEN

ALMWIRT
Bergstraße 21, Tel. 585677, Web:

www.almwirt.at, Mo Ruhetag, Hauptspeisen 138-190 ÖS** Innovative Küche, empfehlenswert: Lauwarme Eierschwammerl auf Rucola

ALTSTEIRISCHE SCHMANKERLSTUBE
Sackstr. 10, Tel. 83 32 11, kein Ruhetag, Hauptspeisen 88-188 ÖS Gute Adresse für steirische Schmankerln im Zentrum der Altstadt. Auch für Vegetarier gutes Angebot

GOLDENE PASTETE
Sporgasse 28, Telefon 823416, Hauptspeisen 90-180 ÖS Typisch regionale Speisen der Saison, Wild, Gans und Fisch

JOHAN
Landhausgasse 1, Tel. 82 13 12, Di-Sa 18-1 Uhr, Hauptspeisen 250 ÖS Erstklassiges Restaurant (auch Café und Bar), täglich wechselnde Karte, hervorragende Gansgerichte

LANDHAUS-KELLER
Schmiedgasse 9, Tel. 83 02 76, Fax 83 02 76-6, Betriebssperre: 24. Dez. bis 7. Jan., Ruhetag So u. feiertags, Hauptspeisen 125-255 ÖS Im 16. Jh. gab es an dieser Stelle eine Gaststätte für Handwerker, heute erfüllt das Lokal gehobene kulinarische Ansprüche. Besonders stimmungsvoll kann man im Sommer im Hof essen, mit Blick auf die Arkaden des Landhauses

SCHANZLWIRT
Hilmteichstr.1, Tel. 35 70 60, Mo-Sa 9.30-23, So 10-15.30 Uhr, kein Ruhetag, Hauptspeisen 55-198 ÖS Mit einem großen Gastgarten, beschattet von Kastanienbäumen. Umfangreiche Speisekarte: Deftiges und typisch österreichische Gerichte, aber auch Leichtes und vegetarische Speisen

STAINZERBAUER
Bürgergasse 4, Telefon 82 11 06, Fax 81 58 75, E-Mail: stainzi@magnet.at, Website:www.members.magnet.at/stainzi, So u. feiertags geschl., Hauptgerichte 96-228 ÖS Im Sommer werden im Arkadenhof steirische Spezialitäten serviert, z.B. Backhendlsalat oder Haussulzerl mit Kernölvinaigrette

CAFÉS

KONDITOREI STREHLY
Sporgasse 14, Telefon 81 30 30-0 Die Happy-Desserts sind unerreichbar gut. Qualitätsvolles Haus seit 1596, ohne Schnickschnack, besondere Spezialität: die Grazer Schlossbergkugeln aus Schokolade

HOFCAFÉ EDEGGER-TAX
Hofgasse 8, Tel. 83 02 30 51, Mo bis Fr 6-20, Sa 6-15 Uhr, So geschl. Frische Apfel- und Topfenstrudel, Pariser- und Nußblätterteigkipferl, Kaiserdessert (Nougat, Marzipan, Marmelade)

EIS-CAFÉ TEMMEL
Herrengasse 28, Tel. 82 29 62, Mo bis So 10-22 Uhr Hier gibt es 24 Sorten von Temmels berühmtem Eis, das auch an Straßenständen am Jakominiplatz und in Temmels Kaiserhof verkauft wird

STADTRUNDGANG

Geführte Altstadtspaziergänge: Apr. bis Oktober tgl. 14.30, Nov.-März Sa 14.30 Uhr. Treffpunkt: Herreng. 16, Preis: 70 ÖS Innerhalb von einein halb Stunden kann man zu Fuß bequem die Grazer Altstadt kennen lernen, die von der Unesco in die Liste des Weltkulturerbes aufgenommen wurde. Hilfreich auf dem Erkundungsweg ist die Broschüre „Weltkulturerbe Graz" (erhältlich in der Touristeninformation in der Herrengasse), die auf dem Erkundungsweg 27 nummerierte Stationen ausweist. Start ist am Hauptplatz (eklektizistisches Rathaus aus dem 19. Jh., wunderschöne Bürgerhäuser) vor dem Erzherzog-Johann-Brunnen, dessen vier Allegorien die großen steiermärkischen Flüsse versinnbildlichen. Postkartenblick zum Schlossberg, der mit dem Uhrturm, dem Grazer Wahrzeichen, die Stadt überragt. Der architektonische Höhepunkt im Zentrum ist das Landhaus in der Herrengasse (italienische Renaissance des 16. Jhs.) mit seinem berühmten Arkadenhof. Ein Abstecher führt zum Landeszeughaus. Durch gewundene Gassen geht es bergauf zur „Stadtkrone" mit Dom, Mausoleum, den Resten der Burg, dem Schauspielhaus und der alten Jesuitenuniversität. Ein halbrunder Turm in einer der Ecken birgt eine großartige Rarität: eine spätgotische Doppelwendeltreppe von 1499. Der Weg führt durch die Sporgasse zurück zum Hauptplatz, den man am Luegg, einem reich mit Stuck verzierten Bürgerhaus erreicht. Die Tour endet am Schlossbergplatz in der Sackstraße, von wo die in den Fels geschlagenen Stufen des „Felsensteigs" hinauf zum Uhrturm führen

MUSEEN

LANDESZEUGHAUS
Herrengasse 16, April-Oktober tgl. außer Mo 9-17 Uhr Rund 32 000 Waffen und Rüstungen des Mittelalters und der frühen Neuzeit, damit größte historische Waffensammlung der Welt

LANDESMUSEUM JOANNEUM
Raubergasse 10, Di-So 9-16 Uhr Bedeutende naturkundliche Sammlungen. Weitere Sammlungen sind in der Stadt verteilt. Empfehlenswert:

ALTE GALERIE
Neutorgasse 45, ganzjährig, tgl. außer Mo 10-17 Uhr Gemälde und Skulpturen von der Romanik bis zum Barock

NEUE GALERIE
Palais Herberstein, Sackstraße 16, Di-So 10-18, Do bis 20 Uhr Österreichische Kunst des 19. u. 20. Jhs., bedeutende Biedermeier-Sammlung

AUSSERDEM SEHENSWERT

➤ **siehe auch S. 44**

FRIEDHOF ST. LEONHARD
Riesstraße Hier ruht die Prominenz des österreichisch-ungarischen Militärs. Die Grabsteine der Feldzeugmeister, Admiräle und Rittmeister erzählen Geschichte und Geschichten

PALAIS ATTEMS
Sackstraße 17 Der Barockpalast (1702-16) mit schöner Pilasterfassade, stuckiertem Treppenhaus und original ausgestatteten Räumen (Deckenfresken, Wandtäfelungen, Kamine) ist der bedeutendste der Stadt

SCHLOSS EGGENBERG
Eggenberger Allee 90, April-Okt. tgl. 9-17 Uhr, Führungen jeweils zur vollen Stunde Das frühbarocke Schloss aus dem 17. Jh. liegt in einem großen Landschaftspark. Der schönste aller Prunkräume ist der Planetensaal mit dem Zyklus der sieben Planeten und 12 Tierkreiszeichen, eine archäologische Kostbarkeit der frühgeschichtliche Kultwagen von Strettweg (600 v. Chr.) – zu sehen Feb.-Nov. Di-So 9-17 Uhr

STADTPFARRKIRCHE
Herrengasse Bedeutendstes Kunstwerk der alten Dominikaner-Klosterkirche (16. Jh.) ist das Altarbild „Maria Himmelfahrt" von Tintoretto

THEATER

Graz hat eine viel beachtete Theaterszene: Opernhaus, Schauspielhaus und mehrere kleine Bühnen sind zu den „Vereinigten Bühnen Graz" zusammengefasst; ihr vielfältiges Programm gibt auch der Avantgarde und Nachwuchsautoren großen Raum

VEREINIGTE BÜHNEN GRAZ
Kaiser-Josef-Platz 10, Telefon 80 00, Kartenverkauf Tageskasse: Mo-Fr 8-18.30 Uhr, Sa 8-13 Uhr

ZENTRALKARTENBÜRO
Herrengasse 7, Tel. 83 02 55, Mo-Fr 9-12.30, 14.30-18, Sa 9-12 Uhr

NACHTLEBEN

An warmen Sommerabenden verwandelt sich die Innenstadt in einen einzigen Schanigarten: Restaurants, Weinstuben und In-Lokale nützen jeden Fleck, um draußen Tische und Stühle aufzustellen. Nicht nur Wien, auch Graz hat sein Bermuda-Dreieck: am Färberplatz und am angrenzenden Mehlplatz

CASINO
Landhausgasse 10, Tel. 832 57 80, tgl. 15-3 Uhr Klein und überschaubar; im angeschlossenen Restaurant gute, auch späte Küche (18-1 Uhr)

LIMARUTTI
Prokopigasse 4, Tel. 82 90 06 Hier trifft sich, was chic ist und sein will

M 1
Färbergasse 1, Tel. 81 12 33, Mo-Sa 10-2 Uhr, So 18-24 Uhr Aufgestylt mit Blick auf die Dächer von Graz

THEATERCAFÉ
Mandellstr. 11, Tel. 82 53 65, tgl. 23-4 Uhr Künstler, Bohemiens, der unvermeidliche Pianist, bisweilen Kabarett

JAZZ

Die Grazer Musikhochschule hat eine renommierte Jazz-Abteilung. Der Grund für gute Sessions in Graz:

GRANDHOTEL WIESLER
Grieskai 2-4, Telefon 706 60 sonntags Jazzbrunch

HEMINGWAY
Klosterwiesgasse 6, Tel. 81 08 04, 19-3 Uhr American Bar, oft Livemusik

EINKAUFEN

Warum viele Wiener zum Einkaufen nach Graz kommen? Graz wirbt damit, dass man nicht nach Italien fahren muss, um italienisch einzukaufen. Viele Boutiquen, verteilt in der Innenstadt, bieten extravagante Mode aus dem Nachbarland. In der Sackstraße gibt es Antiquitäten- und Trödelläden. Gute Adressen für einheimische Erzeugnisse sind:

STEIRISCHES HEIMATWERK
Herrengasse 10 u. Paulustorgasse 4, Schmuck, Trachten, Kunsthandwerk von gehobener Qualität

BAUERNMARKT
Kaiser-Franz-Josef-Platz, Mo-Fr 7 bis 13 Uhr, Sa 7-12.30 Uhr Frische, oft naturbelassene Produkte der Saison, stimmungsvolle Marktatmosphäre. Weitere Bauernmärkte am Lendplatz und in Andritz

DELIKATESSEN FRANKOWITSCH
Stempfergasse 2-4, Tel. 822212, Fax 822212-16, E-Mail: office@frankowitsch.at, Website: www.frankowitsch.at, Mo-Fr 8.30-18.30, Sa 8.30 bis 17 Uhr Sandwiches mit Schweinsbraten, Gorgonzola, Spargel, Muscheln oder Kaviar. Die Brötchenbar mit mehr als 30 Sorten ist eine Grazer Institution seit Generationen, die Patisserie neu hinzugekommen, ebenso die Tische draußen auf der Fußgängerzone. Für viele Steirer gilt: kein Stadtbesuch ohne Frankowitsch

Beinhaltet alle übrigen Maschinen: Gsellmanns Weltmaschine

DAS GENIALE CHAOS

Ein Foto vom Atomium der Brüsseler Weltausstellung bestimmte das weitere Leben von Franz Gsellmann. 23 Jahre lang suchte und sammelte der oststeirische Bauer Material für sein technisches Paradoxon: Motoren und Lampenschirme, Vogelpfeifen, Keilriemen, Schiffsschrauben, Hula-Hop-Reifen, Räder, Handstaubsauger, Batterien, Madonnen im Rosenkranz ... Es pfeift und schnurrt, es knattert und surrt, wenn „Gsellmanns Weltmaschine", sechs Meter lang und drei Meter hoch, angeworfen wird. Ihr Nutzen? Purer Selbstzweck. (Kaag bei Edelsbach, Tel. 03115/2983, Mi-Mo 9-18 Uhr, L5)

VERANSTALTUNGEN

März: Diagonale Festival des österreichischen Films
Juni: Graz erzählt Fest der Erzählkunst und des Märchens mit Folke Tegetthoff und Erzählern der Welt
Juli: Styriarte Klassikfestival mit Nikolaus Harnoncourt und internationalen Klassikinterpreten
Juli/August: Jazz Sommer
La Strada Straßentheater vom Feinsten für Kinder und Erwachsene
AIMS Musikstudenten aus den USA geben klassische Konzerte
Ende Juli - Mitte September: Eggenberger Schlosskonzerte Kammermusik bei Kerzenlicht im Prunkraum des Schlosses
Sept. u. Okt.: Steirischer Herbst Traditionsreiches Avantgardefestival mit zeitgenössischer Musik und Theater
November: Internationales Berg- u. Abenteuer-Filmfestival

AUSFLÜGE IN DIE UMGEBUNG

SCHÖCKL
Der Wanderhausberg der Grazer liegt nördlich der Landeshauptstadt. Auf unzähligen Wegen lässt sich sein Gipfel (rund 1500 m hoch)entweder zu Fuß oder mit der Schöckl-Seilbahn von St. Radegund aus erreichen: an klaren Tagen herrlicher Blick, die (halbe) Steiermark liegt Ihnen zu Füßen! Im Stubenberghaus und im Halterhaus, etwas unterhalb des Gipfelplateaus an der Seilbahntrasse, wird gut gekocht (K 4)

Stübing
ÖSTERREICHISCHES FREILICHTMUSEUM
A-8114 Stübing, Enzenbach 32, Telefon (03124)53700, Fax 53700-18, E-Mail: service@ freilichtmuseum.at Website: www.freilichtmuseum.at, April-Okt. Di bis So 9-17 Uhr, Einlass bis 16 Uhr Nördlich von Graz im Murtal sind auf ca. 50 Hektar Fläche rund 90 original historische Bauernhöfe und Bauten untergebracht. 2-3 Stunden dauert der Besichtigungsgang durch die verschiedenen Hofformen aller österreichischen Bundesländer, beginnend vom burgenländischen Berglerhaus bis zur Alphütte aus dem Bregenzerwald. Besonders schön ist die gelungene Einbettung in die Landschaft mit Gärten und vielen Blumen. Ende Sept. Erlebnistage mit der Darstellung des bäuerlichen Handwerks: (I 4)

Frohnleiten
BÄRENSCHÜTZKLAMM
Nördlich von Frohnleiten können Sie eine der schönsten Wanderungen im Grazer Umland machen: durch die Bärenschützklamm auf die Teichalm. Steiganlagen und Leitern führen durch eine Klamm mit 24 tosenden Wasserfällen, feste Schuhe nötig! (I 3)

STEIERMARK

ÜBER NACHT

Admont
HOTEL TRAUBE
Hauptstraße 3, Tel. (03613)24400, Fax 24406, 33 Zi., DZ 860 ÖS Komfortables, neu renoviertes Haus im Zentrum direkt gegenüber der Stiftskirche (F 2)

Aigen im Ennstal
ALLAMOARHOF
Ritzmannsdorf 7, Tel./Fax (03682) 25777, Website: www.tiscover.com/allamoarhof, 4 Zimmer, Doppelzimmer 440-490 ÖS, 4 Fewo, 650-800 ÖS Wunderbare Ruhelage über dem Ennstal gegenüber dem Grimming, sehr familiär (E 3)

Altaussee
HOTEL AM SEE
Familie Frischmuth, Fischerndorf 2, Telefon (03622)71361, Fax (03622) 71346-13, E-Mail: hotel.am.see@aon.at, Website: www.hotelamsee.at, 16 Zi., DZ ab 1480 ÖS Harmonisch fügt sich das Hotel ins Seeuferpanorama; mit etwas Glück treffen Sie dort zur Zeit der Sommerfrische den Schauspieler Klaus Maria Brandauer, der abends hier öfter Lesungen abhält (C 2)

Bad Aussee
HOTEL WASNERIN
Sommersbergseestraße 19, Telefon (03622) 52108, Fax (03622) 52108-4, E-Mail: hans.steinbichler@sbg.at, 34 Zi., DZ ab 1040 ÖS Das Hotel liegt traumhaft, als hätte es Dachsteinblick auf der einen und Loserblick auf der anderen Seite selbst als Kulisse aufgestellt. Die sattgrünen Wiesen vor dem Haus entpuppen sich als Golfplatz, gleich daneben liegen auch Tennisplätze. Die Küche ist weithin bekannt (C 2)

GASTHOF TEICHWIRT
Teichstr. 20, Tel. (03622)52407, Fax (03622)52407-7, 16 Zi., DZ 700-900 ÖS Die Lage ist genauso perfekt wie die des Hotel Wasnerin, denn der Teichwirt liegt auf dem gleichen ausblickverwöhnten Hochplateau – nur der Dachsteinblick fehlt. Günstige Preise auch beim Essen: Hauptspeisen von 75 bis 140 ÖS

Bad Mitterndorf
LANDHOTEL KANZLER
Krungl 2, Telefon (03623)2260 oder 3415, Fax (03623)2260-3, 18 Zi., DZ 900-1240 ÖS Zwischen Bad Mitterndorf und Tauplitz gelegen, Radweg oder Loipe führen direkt vor dem Haus vorbei. Das Restaurant ist bekannt für seine gute Küche: Hauptspeisen von 65-210 ÖS (D 3)

Bad Radkersburg
KURHOTEL IM PARK
Familie Jausovec, Tel. (03476)2571 oder 2086, Fax (03476) 2085-45, E-Mail: front-office-manager@kurhotel-im-park.at, 96 Zi., DZ 1440 bis 1820 ÖS Als alteingesessener Betrieb unter vielen neuen hat er seine Qualität wahren können: Das Frühstücksbuffet ist legendär! Thermalwasser und Kurarzt im Haus (M 6/7)

Grundlsee
HOTEL BACKENSTEIN
Grundlsee/Salzkammergut, Telefon (03622)8545-0, Fax (03622)8544-5, E-Mail: info@steiermark.org, Website: www.steiermark.org, 13 Zi., DZ 960-1060 ÖS Wunderschöne Hanglage über dem See, dem hektischen Getriebe entrückt, ohne entlegen zu sein (D 2)

Haus im Ennstal
DORF-UND WANDERHOTEL KIRCHENWIRT
Kirchengasse 56, Tel. (03686)2228, Fax 22285, E-Mail: kirchenwirt@ppl.at, 25 Zi., 2 App. DZ 700-1340 ÖS Im alten Ortskern, nahe der Seilbahn auf den Hauser-Kaibling, eigene Landwirtschaft und Metzgerei (C 3)

Krakaudorf
ERLEBNISGASTHOF GUNNIWIRT
Krakaudorf 44, Tel. (03535)82390, Fax 823921, DZ ab 600 ÖS Landdomizil in alter Holzbauweise, gehört zu den „Steirischen Familiennestern". Viele Aktivitäten für Kinder, im Winter Schneeschuhwandern (D/E 4)

Ramsau/Dachstein
ALPENGASTHOF PETER ROSEGGER
Ramsau Ort, Tel. (03687) 81223, Fax 812238, E-Mail: peter.rosegger@netway.at, DZ 1380-1600 ÖS Bergsteigergasthof am Waldrand mit Aussichtsterrasse zum Dachstein. Geführte Berg- u. Langlaufwanderungen (C 3)

HOTEL MATSCHNER
Ramsau Ort, Telefon (03687) 81721, Fax 81721339, E-Mail: sporthotel.matschner@eunet.at, DZ 1280-1680 ÖS Vier-Sterne-Haus, angeschlossen ans Ramsauer Badeparadies, Tennishalle, Wander-, Kinderprogramme

Rohrmoos
ALPENGASTHOF TETTER
Untertal 24, Telefon (03687) 61130, Fax 6113013, E-Mail: tetter@aon.at, 10 Zi., DZ 740-920 ÖS Heimeliger Berggasthof, bekannt für seine Fischspezialitäten. Vor dem Hof Einstieg in die Untertal-Langlaufloipe (C 3/4)

Schladming
HOTEL RESTAURANT ALTE POST
Hauptpl. 10, Tel. (03687) 22571, Fax 225718, E-Mail: alte.post@cheese.at, 40 Zi., DZ 2080-2740 ÖS Haus mit 400-jähriger Tradition und modernem Komfort nahe der Planei-Talstation (C 3)

REITHABHOF
Klaus 35, Tel. (03687) 24530, Fax 2453033, 4 Apartments, 600-980 ÖS Erlebnisbauernhof für Kinder, mit Kleintieren und Ponys

Sebersdorf
SCHLOSSHOTEL OBERMAYERHOFEN
Telefon (03333) 25030, Fax 250350, Apartments und Zimmer (40 Betten), DZ ab 1700 ÖS Romantisches luxuriöses Haus, à-la-carte-Restaurant (1 Gault-Millau-Stern) (M 4)

Tauplitz
HOTEL-RESTAURANT SCHWAIGER
Tauplitz Nr. 89, Tel. (03688) 22360, Fax 22365, E-Mail: schwaiger@salzkammergut-hotels.at, 18 Zi., DZ 910 bis 1100 ÖS Neben dem Berglift zur Tauplitzalm: Von jungen engagierten Wirtsleuten geschmackvoll restauriert. Gute Wildgerichte (D 2/3)

GASTHÖFE/RESTAURANTS

➤ **siehe auch Seiten 60, 93, 112**

Frohnleiten
GASTHAUS WEISSENBACHER
Mayr-Meinhof-Straße 2, Tel. (03126) 2011, Do-Di 9-22, So u. Ft. bis 21 Uhr Sehr gute steirische Hausmannskost (Almochsenfleisch!), großer Gastgarten an der Mur, nachmittags sehr guter Apfel- und Beerenstrudel (I 4)

Pürgg
GASTHAUS KRENN
Pürgg 11, Telefon (03682) 22274 Geschmackvolle Gasträume und eine gute Küche mit bodenständigen Gerichten; rechtzeitig reservieren (D 3)

St. Stefan ob Stainz
LANDGASTHOF GERNGROSS
Tel. (03463) 81188, Fax 8118815, Ruhetag So ab 15 Uhr, Hauptspeisen 98-150 ÖS Kürbisse und Rucola, die erntefrisch raffiniert verarbeitet werden, kommen aus dem eigenen Garten. Feinschmecker-Tip: Die „Kürbinarischen Wochen auf der Ölspur" (➤ s. S. 79, I 5)

Stainz
RAUCH-HOF
Wald 21, Tel. (03463) 2882 und Fax (03463) 2127, E-Mail: rauch-hof@netway.at, Website: www.rauch-hof.at, Ruhetag Di, Hauptgerichte 90-195 ÖS, 9 Zi., DZ 680-1100 ÖS Forellen aus eigener Zucht: Erstklassig die heiß geräucherte Forellen und (in der Saison) die Spargelgerichte. Der Hof liegt an der Schilcher-Weinstraße, entsprechend guter Weinkeller! (I 6)

Turnau
STEIRERECK
Pogusch 21, Tel. (03863) 2000, Fax 515151, Do-So 9-24 Uhr, Menü ca. 350 ÖS Ein österreichisches Spitzenrestaurant im traditionellen Ambiente, günstige Preise für das außergewöhnliche Angebot. Zum Beispiel: Gänseleber mit Sanddorn, Gewürzwels mit Waldklee, Bauern-Ente, Flusskrebse (I 2)

SEHENSWERT

Admont
STIFTSBIBLIOTHEK
Kirchplatz 1, Tel. (03613) 2312-604 oder -601, Apr.-Okt. 10-13 u. 14-17 Uhr, Nov. bis März nur für Gruppen über 20 Personen nach Anmeldung, Eintritt 60 ÖS Die Benediktinerabtei zählt zu den ältesten (1074) und wichtigsten Klöstern Österreichs. Unbedingt besichtigen sollten Sie die aus der Barockzeit erhaltene Stiftsbibliothek mit dem großartig ausgestalteten Bibliothekssaal: Freskenzyklus von Altomonte und Skulpturengruppe von Stammel; alter kostbarer Bücherbestand (150000 Bde). Stiftskeller mit Gastgarten. Angeschlossen:

KUNST- UND NATURHISTORISCHES MUSEUM
Mai-Sep. tägl. 10-13 u. 14-17, April und Okt. bis 16 Uhr, Tel. (03613) 2312-604, Fax 2312-610 (F 2)

Altaussee
➤ **siehe S. 80**

Bad Aussee
➤ **siehe S. 80**

Bad Mitterndorf
Beliebter Urlaubsort für alle Jahreszeiten. Die natürliche Skiflugschanze am Kulm und die schneesichere Tauplitzalm (1600 m) sind Magnet für Wintersportler, die Gebirgsseen der Alm begeistern Bergwanderer, und Wellnessurlauber schätzen die Quellen des Thermalbads Heilbrunn (D 3)

Bad Radkersburg
➤ **siehe S. 20 u. „Über Nacht"**

Eisenerz
SCHAUBERGWERK AM ERZBERG
Erzberg 1, Tel. (03848) 3200, Fax 3200-22, 1. Mai-31. Okt. tgl. 10-15 Uhr, Website: www.abenteuer-erzberg.at Der Tagabbau hat den Erzberg als gigantische Stufenpyramide hinterlassen. Im Schaubergwerk wird der Eisenerzabbau vorgestellt. Abenteuerfahrt mit dem „Hauly", einem 860 PS starken Schwerlastwagen ➤ **siehe S. 10** (G/H 2)

Gesäuse
Wildromantischer Durchbruch der Enns durch das Massiv der Ennstaler Alpen zwischen Hieflau und Admont. Großer Buchstein, Reichenstein und Hochtor (alle über 2200 m) steigen steil aus dem Tal auf und sind ein Paradies für Kletterer. In Johnsbach gibt es einen Bergsteigerfriedhof (F/G 2)

Hartberg
KARNER
Neben der barockisierten Pfarrkirche ist der kunstgeschichtlich interessante romanische Karner erhalten geblieben: ein Beinhaus mit Fresken geschmückt, die eine Umwidmung in eine Taufkapelle vermuten lassen. Es entstand an der Wende vom 12. zum 13. Jh., Ende des 19. Jahrhunderts romanisierende Restaurierung (L 3)

Köflach
SCHLOSS PIBER
Tel. (03144) 3323, 251970, Führungen tgl. 9-10 und 14-15 Uhr Nicht wegen des Schlosses besucht man Piber, sondern wegen seiner Bewohner: Seit 1920 ist hier das Österreichische Bundesgestüt der Lipizzaner untergebracht. Die (anfänglich noch Rapp-schwarzen) Fohlen wachsen hier bei den Stuten auf, die älteren Jungtiere laufen auf der Stubalm auf Weide, bevor in Wien – in der Spanischen Hofreitschule – der Ernst des Trainings beginnt. Sehenswert sind auch die Gestütspräsentationen, die zwei- bis dreimal im Jahr mit Kutschen- und Gespannfahrten stattfinden (H 5)

Mariazell
WALLFAHRTSKIRCHE
Pfarramt Tel. (03882) 2595 Berühmtester Marienwallfahrtsort Österreichs. Bauphasen von der Spätgotik (Mittelturm und Westportal) bis zum Umbau im Barock durch den italienischen Baumeister D. Sciassia, Fertigstellung 1683. Barocke Ausgestaltung; Gnadenaltar von Fischer von Erlach. Hauptanziehungspunkt ist die frühgotische Madonna mit Kind („Magna Mater Austriae"). Schatzkammern mit Votivgaben (I 1)

Murau
➤ **siehe S. 52**

Pöllauberg
WALLFAHRTSKIRCHE
In aussichtsreicher Hügellage über dem Markt Pöllau mit der barocken Pfarrkirche erhebt sich ein hochgotischer zweischiffiger Kirchenbau aus dem 14. Jh. Die ungewöhnliche Raumlösung und die kunstreiche Ausfertigung lassen den Einfluss der Wiener Bauhütte vermuten. Wichtiger Marien-Wallfahrtsort (L 3)

Pürgg
JOHANNESKAPELLE
Der kleine Ort liegt auf Wiesenhängen über einer Felswand wie auf einem Balkon. Wenn man vom Ennstal hochschaut, wirkt er unerreichbar, denn die Zufahrtsstraße ist nicht zu sehen. Von oben ist der Blick ins Ennstal, auf Schloss Trautenfels und den alles beherrschenden Grimming atemberaubend. Im Sakralraum der Johanneskapelle befindet sich einer der bedeutendsten Kunstschätze des Landes: romanische Fresken, entstanden um 1160. Das „Jüngste Gericht" und die „Speisung der Fünftausend" gehören zum Bildprogramm, einprägsam und amüsant ist der „Katzen- und Mäusekrieg", die Darstellung einer äsopischen Fabel. Einen Besuch lohnen der Laden des Krämers und der Gasthof Krenn (➤ S. 18, D 3)

Die Riegersburg im alten Grenzland zum Osten: Die „stärkste Festung der Christenheit" wurde nie eingenommen

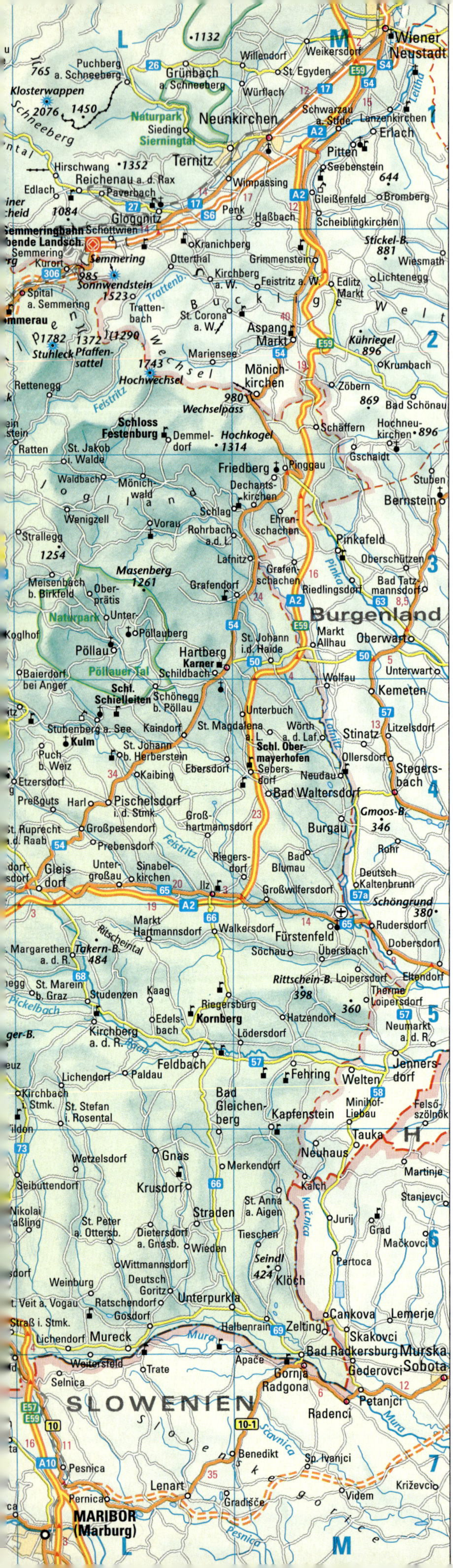

Wiener Neustadt
Neunkirchen
Semmering
Burgenland
Hartberg
Fürstenfeld
Bad Radkersburg
Murska Sobota
Gornja Radgona
SLOWENIEN
MARIBOR (Marburg)

TSCHECHISCHE REPUBLIK
Baden-
Stuttgart
Württem-
berg
Bayern
DEUTSCHLAND
München
Ober-
Linz
österreich
Nieder-
Wien
St. Pölten
österreich
Eisenstadt
SLOWAKEI
Salzburg
Burgen-
land
Bregenz
Vor-
arl-
berg
FL
Innsbruck
Tirol
Salzburg
Steiermark
Graz
UNGARN
SCHWEIZ
Kärnten
Klagenfurt
ITALIEN
0
100 km
SLOWENIEN
KROATIEN

Orte

Nieder-
österreich
Graz
Leoben
Kapfenberg
Bruck a. d. Mur
Knittelfeld
Judenburg
Zeltweg
Köflach
Voitsbg.
Wolfsberg
St. Andrä
St. Paul i. Lavanttal
Völkermarkt
Klagenfurt
Eisenerz
Trofaiach
Mariazell
Mürzzuschlag
Kindberg
Krieglach
Admont
Trieben
Friesach
Bad St. Leonhard i. Lavanttal
Deutschlandsberg
Leibnitz
Bleiburg
Dravograd
Eisenerzer Alpen
Seckauer Alpen
Gleinalpe
Hochalpe
Stubalpe
Packalpe
Koralpe
Hochschwab
Gleinalmtunnel 8320 m
Tanzenbergtunnel 2446 m
Plabutschtunnel 9664 m
Herzogbergtunnel 2007m
Schöckl 1445
Hochkar 1808
Gr. Ötscher 1893

DER KLAPOTETZ

Das seltsame Windrad ist seit Jahrhunderten das Wahrzeichen des steirischen Weinlandes. Sein Lärm soll die Vögel aus den Weingärten vertreiben. Die schräg gestellten Flügel setzen eine Radwelle in Gang, deren Holzhämmer auf einem Schlagbrett niedergehen. Da das Schlagbrett aus Kirschholz, die Klöppel aber aus Buchenholz sind, kommt ein fremdartige, fast schrille „Melodie" zustande. Aufgestellt wird der Klapotetz zum Beginn der Weinreife, traditionell am 25. Juli, dem St. Jakobstag. An Allerheiligen verschwinden die riesigen, oft tonnenschweren Vogelscheuchen wieder

Klappert im Wind gegen die Naschsucht gefiederter Traubenliebhaber: Klapotetz bei Kitzeck an der Sausaler Weinstraße

Ramsau
Traumschönes Hochplateau (1000 bis 1300 m) nördl. von Schladming am Fuß des Dachsteinmassivs (2995 m, Gletscherbahn). Ski- und Langläufer haben absolute Schneegarantie, für Sommergäste gibt es ca. 200 km markierte Wanderwege und Kletterrouten. Wunderbare Aussichten von der Dachstein-Panoramastraße. Sehenswert: die Fresken der Pfarrkirche St. Rupert am Kulm (S. 19, C 3)

Riegersburg
RIEGERSBURG
Tel. (031 53) 821 31, 1. April - 31. Okt. tgl. 9-17 Uhr Die markante Silhouette der Festung ist schon von weitem zu sehen, an klaren Tagen selbst von Graz oder vom Schöckl. Kein Wunder also, dass die Burg auf ihrem Basaltfelsen zum Wahrzeichen der Oststeiermark geworden ist. Lage und Baubestand (13.-17. Jh.) machen sie zur wichtigsten steirischen Burg: einige Prunkräume und ein Rittersaal mit schöner Kassettendecke sind erhalten. Außerdem interessant: das Hexenmuseum (L 5)

St. Johann
SCHLOSS HERBERSTEIN
Tel. (031 76) 88 25, 1. April - 31. Okt. tgl. 10-16 Uhr Im 13. Jh. errichtet, wurde die Burg im 17. Jh. von den Grafen von Herberstein zum Wohnschloss ausgebaut; es befindet sich noch immer im Besitz der Familie. Besonders malerisch ist der arkadenreiche Florentinerhof. Fürs Leibliche gibt es Schlosstaverne, Buschenschank und Mostschänke. Fürs Gemüt den Tierpark Herberstein, tgl. 8-18 Uhr (L 4)

Schladming
Touristischer Mittelpunkt des Ennstals und Veranstaltungsort von Weltcuprennen. Die Skigebiete der Planei (1900 m) und der Hochwurzen (alle Schwierigkeitsgrade) bieten mehr als 50 km Abfahrtstrecken. Die alten Knappen- und Gewerkenhäuser in Schladming weisen auf eine große Vergangenheit als Grubenstadt mit reichen Silber- und Kupfervorkommen hin (C 3)

Seckau
STIFT
Tourismusverband 8732 Seckau, Postfach 23, Telefon/Fax (035 14) 52 34-140 Breit hingelagert fügt sich das ehemalige Augustiner-Chorherrn-Stift (1140) harmonisch in die weiten Kuppen der Seckauer Tauern. 1883 wurde es von Benediktinern neu besiedelt, die heute in den Stiftsräumen ein Gymnasium beherbergen. Die romanische Basilika von Seckau stammt aus dem 12. Jahrhundert, besonders beeindruckend ist der Altarraum, 1964 von Architekt Clemens Holzmeister durch die Neuaufstellung einer romanischen Kreuzgruppe gestaltet. Mausoleum von Erzherzog Karl II. (16. Jahrhundert) und moderne Fresken in der Engelskapelle von Herbert Boeckl (1960) (G 4)

Wildalpen
WASSERLEITUNGSMUSEUM
Betriebsleitung Wildalpen, Tel. (036 36) 451-0, 1. Mai - 26. Okt. Mo-Fr 10-12 u. 13-15 Uhr, So/Ft. 10-12 Uhr Der große Kalkstock des Hochschwab-Massivs birgt die Wasservorräte für Wien. Die II. Wiener Hochquellenleitung wurde 1910 eröffnet. Dieser technischen Leistung ist das Museum gewidmet (H 2)

AKTIVITÄTEN

WANDERN

„Wanderbar auf Schritt und Tritt" heißt der Slogan der Steiermark, der Kletterern, Bergsteigern und Wanderern gleichermaßen Erlebnisse und sportliche Herausforderung verspricht. Dachsteingebirge, Totes Gebirge und Gesäuseberge bieten besonders lohnende Gipfelziele. Bergführer oder eine entsprechende eigene Erfahrung sind notwendig. Für Wanderer gibt es unzählige Möglichkeiten mit den unterschiedlichsten Anforderungen. Zwei Vorschläge für interessante Touren:
Überschreitung des Hochschwabs
Riesiger Kalkstock mit steilen Flanken, reizvoller Hochfläche und Karsterscheinungen, mehrere Hütten, kaum Wasser, alpine Gefahren, daher: Bergerfahrung und -ausrüstung erforderlich! Je nach Route 2-4 Tage; Gipfel 2277m (Rother Wanderführer Hochschwab) (H/I 2)
Naturlehrpfad Gstatterboden
Ausgangspunkt ist die Bahnhaltestelle Johnsbach im Gesäuse, 2,5 bis 3 Stunden Gehzeit, ca. 100 m Höhenunterschied, durchgehend markierter Wanderweg mit 17 Informationsstellen zu naturkundlichen Höhepunkten; beeindruckende Ausblicke auf die rasch fließende Enns 80 m unter dem Weg und zu den aufragenden Felsgipfeln der Hochtorgruppe über dem Weg; Gasthof Bachbrücke: gute Küche! (F 2)
Zur Orientierung: Die Wege sind in der Regel gut markiert: rot-weiß-rot am häufigsten; viele sind auch nummeriert. Einige Fernwanderwege führen durch die Steiermark, z.B. der 06er, der Mariazellerweg.
Das staatliche Grundkartenwerk ist die „Österreichische Karte 1:50 000" (ÖK 50), sie bietet ein genaues Kartenbild und Wegmarkierungen. Die Wander- und Freizeitkarten von Freytag & Berndt decken ebenfalls die gesamte Steiermark ab, sie sind deutlicher für den touristischen Gebrauch bestimmt, denn sie verzeichnen Radwege und Loipen. Allerdings ist das Kartenbild nicht so unbestechlich genau. Tip: Am besten beide Karten mitnehmen!

SKILAUFEN

Die wichtigsten und größten Skigebiete sind:
Schladming-Rohrmoos: Weltcuprennen, großer Skizirkus (C 3/4)
Ramsau-Dachstein: Es geht hinauf bis zum Gletscher, Ramsau hat berühmte Loipen (C 3)
Hauser-Kaibling: Anschlussgebiet an Schladming im Ennstal (C/D 3/4)
Planneralm und Donnersbachwald: sehr familienfreundlich (E 3)
Loser-Altaussee: landschaftlich besonders beeindruckend (C 2)
Tauplitz-Mitterndorf: Auf der Tauplitzalm (1650 m) ist eine der schönsten Loipen der Steiermark (D 2/3)
Turrach und Murau-Kreischberg das Murtal und weitere kleine Skigebiete eignen sich besonders für Familien (D 6, E 5)

RADFAHREN

Seit einem Jahrzehnt bauen die Steirer konsequent und möglichst weit weg von Autostraßen ihre Flussradwege aus. Besonders schön sind der Sulmtal- und der Saggautalradweg, die von Leibnitz nach Wies führen; die 43 km sind für Familien mit Trekkingrädern gut zu bewältigen. Für Sportliche ist der Murradweg zu empfehlen: Von der Murquelle folgt er dem Flusslauf durch die Obersteiermark, durchquert Graz und endet nach 370 km in Bad Radkersburg. Je nach Lust und Leistungskraft sollten Sie sechs, acht oder mehr Tage dafür kalkulieren.
Info: Steirische Tourismus GmbH
Tel. (0316) 40003-0, Fax 4003-30
E-Mail: info@steiermark.com
Wem die Flussradwege zu geruhsam erscheinen, für den ist die „Alpentour Steiermark 2000" perfekt. Sie ist die längste durchgehend beschilderte Mountainbike-Strecke der Welt – auf 900 km Länge sind 26 000 Höhenmeter zu bewältigen. Die Tour führt vom Fuß des Dachsteins durchs Gesäuse ins Mürztal, über die Fischbacher Alpen nach Graz, übers Gaberl, den Sölkpass zurück ins Ennstal und zum Ausgangspunkt; empfehlenswerter allerdings sind Teilstrecken und Schnuppertouren: Von Mitte April bis Mitte Oktober geben die Grundbesitzer von 8-18 Uhr die Strecken frei; 41 Wirte und Servicebetriebe bieten Packages für die Biker an und am Morgen nach der Übernachtung auch Gepäcktransport.
Buchungen und Info:
Freizeitschule Gröbming
Tel. (036 85) 221 31-1, Fax 223 04
E-Mail: office@ennstal-classic.at

REITEN

Reiterferien werden an vielen Orten angeboten; besonders aber ist die Hufeisentour: Sie besteht aus 24 Einzeltouren, die sich in halbrunder Form, eben wie ein Hufeisen, vom Gaberl bis zur Sommeralm ziehen, zwischen zwei und acht Tage dauern und mit eigenem oder geliehenem Pferd möglich sind. Auf den Stationen unterwegs werden nicht nur die Pferde sondern auch die Reiter aufs Beste versorgt.
Info: Steirische Tourismus GmbH
Tel. (03 16) 400 03-0, Fax 40 03-30
E-Mail: info@steiermark.com

GOLF

Zum Steirischen Golfverband zählen 16 Clubs, „Murhof" bei Frohnleiten ist der Klassiker unter ihnen und der Platz des „GC Ausseerland" vor dem „Hotel Wasnerin" in Bad Aussee sicher der aussichtsreichste und landschaftlich am schönsten gelegene.
Infos und „Steirische Golfkarte" bei der Steirischen Tourismus GmbH, Tel. (03 16) 40 003-0.

LUFTIGE AKTIVITÄTEN

Ballonfahren: u.a. rund ums Apfeldorf Puch bei Weiz (L 4)
Infos: Union Aeronautic Styria, Tel. (031 77) 21 31
Paragleiten und Drachenfliegen: fast überall, wo es Aufwind gibt
Infos: Freizeitschule Gröbming, Tel. (036 85) 221 31-1

WASSERSPORT

Die erlebnisreichsten und schönsten Flüsse für Bootsfahrer sind die Salza, die Enns und die Mur

Kajak(Kanu)fahren:
Naturfreunde Wildalpen, Tel. (03636) 466 (H 2)
Rafting, Floßfahren:
Murtal Rafting, Stadl/Mur, Tel. (03534) 2237 (D 5)
Zillenfahrt auf der Mur:
Murecker Murmüller, Mureck, Tel. (03472) 21 05 21, Fax 2105-6 (L 6)

SCHMALSPURBAHNEN

Bimmelbahnen sind in der Sommersaison teils fahrplanmäßig, teils auf Sonderfahrten unterwegs
Feistritztalbahn: von Weiz nach Birkfeld Mo, Mi, Do und So nach Fahrplan, Do und So bleibt unterwegs Zeit für eine Radtour
Info und Reservierung: TV Weiz, A-8160 Weiz, Hauptplatz 18, Tel. (03172) 4774 (K 4)
Flascherlzug: im Schilcherland rund um Stainz planmäßig Sa, So und an Feiertagen unterwegs. Der Name hat erst neuerdings mit den Schilcherflaschen zu tun, die zum Ausflug mitgenommen werden. Auch spezielle Arrangements (I 6)
Info: Tel. (03463) 5500, Fax 2203-22
Murtalbahn: von Murau Richtung Tamsweg unterwegs, Di, Mi und Sa von Murau bis Stadl; sogar ein Lokführerpatent lässt sich erwerben
Info: Tel. (03532) 2233 (D/E 5)

EINKAUFEN

Die Top-Souvenirs der Steiermark sind trink- und essbar. Unterwegs in der Steiermark sind die vielen Hinweisschilder auf „Ab-Hof-Verkauf" und die Selbstvermarktungs- oder Hofläden nicht zu übersehen. Gute Adressen für Weine und edle Obstbrände siehe Serviceteil der Geschichte über die Weinstraßen ab S. 110. Einige Produzenten guten Kürbiskernöls sind auf S. 79 zu finden. Weitere Spezialitäten sind hervorragende Essigsorten sowie ökologische Fleischprodukte

Wein und Obstbrände
➤ siehe S. 110, 112

Kernöl
➤ siehe S. 79

Essig
ALOIS GÖLLES
Riegersburg, Stang 52, Tel. (03153) 7555, Fax 7556 Der für seinen Apfelbalsam-Essig berühmte Produzent lässt auch Balsam-Essig aus Trockenbeeren vergären, edelfaule Trauben sind dafür die Grundlage. Das süße Aroma erinnert an den Honigduft einer Trockenbeerenauslese (L 5)

PECHMANNS ALTE ÖLMÜHLE
Ratschendorf 188, Tel. (03474) 7350-0 Vor allem Apfelessig wird naturrein hergestellt zum Trinkgenuss geeignet. Verschiedene Frucht- und Weinessigsorten (L 6)

Fleischspezialitäten
WALTRAUD JÖBSTL
Wernersdorf bei Wies/Eibiswald, Nr. 41, Telefon (03466) 42379 Fleischspezialitäten wie Selchwürstl und „Verhackert's" (gehacktes und geräuchertes Schweinefleisch als Brotaufstrich), die zu jeder steirischen „Jausn" gehören (I 7)

Für die oben erwähnten Produkte, die im Katalog „Steiermark-Spezialitäten" genannt sind, kann auch ein Versandservice in Anspruch genommen werden. Bestellungen an:
STEIRISCHE TOURISMUS GMBH „Steiermark Spezialitäten" 8042 Graz, St. Peter-Hauptstr. 243, Telefon (0316) 4003, Fax 4003-30, E-Mail: tourismus@steiermark.com, Website: www.steiermark.com

Shopping in der Steiermark beschränkt sich jedoch nicht auf sinnliche Genüsse. Hochwertige Textilien (vor allem Trachten) und Lederwaren gibt es in vielen Spezialgeschäften in den Landstädten

Hüte, Lederhosen und Dirndln
➤ siehe S. 10, 93

Loden
➤ siehe S. 12

Webware
WEBEREI STRUNZ
Bad Gams, Furth 43, Tel. (03463) 3367, Fax 4500 Tischwäsche von bester Qualität (I 6)

THERMENLINIE

Im Binnenland Steiermark wird Wasser auf besondere Weise gehuldigt: in den schönsten Thermalbädern Österreichs. Die Thermenlinie verläuft von Nord nach Süd am äußersten Rand der Oststeiermark. Nähere Informationen über:
REGIONALVERBAND STEIRISCHES THERMENLAND Fehring, Rathaus, Tel. (03155) 4204, Fax 42045, E-Mail: thermenland@ito.at, Website: www.ito.at

Bad Waltersdorf
HEILTHERME BAD WALTERSDORF
Telefon (03333) 5001, Fax 500940, E-Mail: office@therme-waltersdorf.co.at, Website: www.therme-waltersdorf.co.at Österreichs jüngster Kurort liegt inmitten einer fast unberührten Wald- und Wiesenlandschaft. Thermalbad, Saunadorf und Beautyfarm. Im Mittelpunkt der Gesundheitsvorsorge und Regeneration stehen physikalische Therapien (M 4)

Bad Blumau
ROGNER-BAD BLUMAU
Blumau 100, Tel. (03383) 5100 9449 und Fax (03383) 5100804, E-Mail: spa.blumau@rogner.com, Website: www.blumau.com Als „größtes bewohnbares Gesamtkunstwerk von Friedensreich Hundertwasser" wird das neu errichtete Thermenlandschaft (1500 m² Wasserfläche) bezeichnet. Innen- und Außenthermalwasserbecken, Grotten, Wellenbad, Saunen, Dampfbäder. Die Gesundheitsabteilung des Bades spielt in der Ganzheitsmedizin eine führende Rolle. Spezialität: eine Klangtherapie sowie Synchronmassagen (M 4)

Loipersdorf
THERME LOIPERSDORF
Loipersdorf 152, Tel. (03382) 82040, Fax 820487, E-Mail: therme@loipersdorf.at, Website: www.therme.at Hier ist eine kleine perfekte Thermenstadt entstanden: Mit Wellenbad, Erlebnisbad, Saunadorf, Wasser-Shiatsu, Therapien des Bewegungsapparates. Großes Unterhaltungsangebot auch für Kinder (M 5)

Bad Gleichenberg
KURTHERME BAD GLEICHENBERG
Brunnenstraße 31-34, Tel. (03159) 22940, Fax 229422, E-Mail: gleichenberger-ag@ccf.net, Website: www.kurtherme.at Traditioneller Kurort und die älteste Therme des Gebiets – den Villen des Orts haftet der Charme der k.u.k.-Ära an. Bad Gleichenberg ist nicht überlaufen und daher ideal für Ruhebedürftige. Thermal-, Hallen- und Freibad, spezielle Kinderkuren (L 5/6)

Bad Radkersburg
PARKTHERME BAD RADKERSBURG
Tel. (03476) 2677, Fax 267744 Die schöne mittelalterliche Grenz- und Handelsstadt bietet den Rahmen für Erholung in den Thermen – mit drei Thermalbecken, drei Erlebnisbecken und Saunapark mit Dampfbad (M 6/7)

THEMENSTRASSEN

Die Steiermark ist reich an thematisch aufbereiteten Touristenrouten. Neben der **Blumenstraße** um die „Blumendörfer" St. Kathrein am Offenegg (K 3) und St. Jakob im Walde (L 2/3), der **Peter-Rosegger-Kulturstraße** bei Alpl in der „Waldheimat" (K 2) und der **Wasserstraße** (Bruck/Mur, Mürztal, Halltal und Salzatal) sind vor allem lohnenswert:

Rogner-Bad Blumau: Hundertwassers bunte Erholungslandschaft

Apfelstraße Rund um das Apfeldorf Puch bei Weiz schlängelt sich die Apfelstraße 25 km durch die Obstbauregion der Oststeiermark. Fast eine Million Obstbäume entfalten hier im Frühjahr ihre rosaweiße duftige Blütenpracht. Im Herbst sind die Genüsse vielfältig: Obst, Dörrobst, Apfelsaft, Most, Apfelessig, Marmeladen. Und der Duft aus den Brennereien verheißt Edelschnäpse.
Info: Steirisches Obstbaumuseum, Harl 25, Tel. (03177) 3117, Mostschank 16. April-31. Okt. (L 4)

Eisenstraße **➤ siehe S. 10**

Holzstraße **➤ siehe S. 52**

Schlösserstraße Die einstigen Bollwerke des Verteidigungsgürtels zum Osten hin sind heute Hochburgen der Kultur. Im Ambiente ihrer geschichtsträchtigen Mauern laden sie ein zur Besichtigung ihrer Kunstschätze, zu Ausstellungen, Sommerkonzerten und Festspielen. Die bedeutendsten Burgen und Schlösser sind (von Nord nach Süd) Festenburg, Pöllau, Hartberg, Schielleiten, Stubenberg, Herberstein (s. „Sehenswert"), Obermayerhofen (s. „Über Nacht"), Kornberg, Riegersburg (s. „Sehenswert") und Kapfenstein (s. S. 112, „Weinstraßen")
Info: Die Schlösserstraße, Schloss Kornberg, Feldbach, Tel. (03152) 7419, Fax 5824, Website: www.styria.com/schloesserstrasse (L 5)

Weinstraßen **➤ siehe S. 100**

VERANSTALTUNGEN

Winter: Weltmeisterschaften und Worldcups in den Skigebieten
Februar/März: Faschingstreiben im Ausseerland. Sehr bunt, dekorativ und laut; die „Trommelweiber" und die „Flinzerln" wirken exotisch
Mai: Welschlauf Der geselligste Marathon Europas führt von Wies nach Ehrenhausen und vorbei(!) an vielen Buschenschänken
Narzissenfest im Ausseer Land (meist am letzten Mai-Wochenende): Eine Hommage an den Bergfrühling mit Blumencorso zu Lande und zu Wasser. Höhepunkt der viertägigen Veranstaltung ist der farbenprächtige Bootskorso auf dem Altausseersee
Ölspurlauf in Deutschlandsberg: Alles dreht sich dabei ums Kernöl
August: Stainzer Schilchertage
Leibnitzer Weinwoche
Samson-Umzug in Krakaudorf am 1. Augustsonntag, ein Brauchtumsfest aus dem nahen salzburgischen Lungau: Die 7 m hohe, an die Franzosenkriege erinnernde Samsonfigur wird in einem farbenprächtigen Umzug durch den Ort getragen
September: Ennstal Classic in Gröbming ist eines der schönsten Oldtimer-Rennen der Welt: Vier Tage lang geht es kreuz und quer durch das steirische Alpenland. Die Aufmerksamkeit gilt sowohl den Auto-Veteranen wie auch den jungen Größen aus Sport- und Filmwelt
Oktober: KürWiesTage in Wies bei Eibiswald. Ein Fest rund um den Speise- und Kulturkürbis

LITERATUR

Günter und Luise Auferbauer, Bergtourenparadiese Steiermark, Alle 2000er vom Dachstein bis zur Koralpe, Styria, 2000, 55 DM Schöne Fo-

MERIAN-Straßenkarte
STEIERMARK
A9 Autobahn
17 Autobahnähnliche Straße
145 Fernverkehrsstraße
75 Hauptstraße
Nebenstraße
Fahrweg
30 Entfernung in Kilometer
Sehenswürdigkeit Natur
UNESCO Welterbe
Kirche, Stift/Kloster
Schloss, Burg
Schlossruine, Burgruine
Höhle
Aussichtspunkt
Seilbahn
Flughafen, Flugplatz
Grenze Bundesland
Nationalpark, Naturpark
© MERIAN-Kartographie
0 9 km
Salzburg
Oberösterreich
Kärnten
Totes Gebirge
Dachsteingruppe
Schladminger Tauern
Radstädter Tauern
Niedere Tauern
Wölzer Tauern
Nockgebirge
Gurktaler Alpen
Tennengebirge
Höllengebirge
Hohe Tauern
Salzkammergut
Bad Ischl
Gmunden
Schladming
Liezen
Murau
Spittal a.d. Drau
Villach
Feldkirchen i. Kärnten
Radstadt
Bischofshofen
Bad Gastein
Tamsweg
St. Michael i. Lungau
Kulturlandsch. Hallstatt-Dachstein/Salzkammergut
Hallstatt
Bad Aussee
Gröbming
Hunerkogel 2694
Hoher Dachstein 2995
Grimming 2351
Katschberg-tunnel 5439 m
Tauern-tunnel 6491
Tauern-tunnel 8552 m
Millstätter See
Ossiacher See
Attersee
Traunsee
Wolfgangsee
Mondsee
A B C D E

tos und informative Kartenausschnitte, die beiden sprechen aus Erfahrung

Gottfried Biedermann, Kunstführer Steiermark, Steirische Verlagsgesellschaft 1999, 34 DM Alphabetisch geordnet und reich bebildert; kompetente und gut lesbare Kurzinformation

Reinhard P. Gruber, Aus dem Leben Hödlmosers. Ein steirischer Roman mit Regie, Residenz, 1992, 22 DM Literatur mit dem steirischen Kick; am besten lesen, wenn man die Steirer schon etwas kennt

Hans Gsellmann/Alfred Komarek, Steiermark. Bildtextband Dt./Engl., Styria, 1998, 68 DM Der steirische Paradefotograf hat die Welt bereist, erwandert und fotografiert; die Steiermark aus seinem Blickwinkel: ein Genuss!

Reinhard Lamm, Die Steiermark, Naturerlebnisse auf den Spuren Peter Roseggers, 1993, 68 DM
ders., Zauberberg Dachstein, 1998, 51DM
ders., Dachstein-Tauern Bergzauber, 2000, 51 DM, alle drei Edition & Vlg. Reinhard und Barbara Lamm, Ramsau Mit großer Sensibilität porträtiert der Textautor und Fotograf Lamm in seinen drei Bänden die Steiermark und das Hochgebirgsgebiet des Landes, führt auf Wanderwege und vermittelt Naturkundliches ebenso wie Historisches. Großartige Aufnahmen!

Gerhard Roth, Der Stille Ozean, Roman, S. Fischer, 1992, 16,90 DM Ein Arzt zieht von der Stadt aufs Land in ein leeres Bauernhaus in der Südsteiermark und lebt dort das Leben der ihn umgebenden Menschen
ders. Im tiefen Österreich. Die Archive des Schweigens, S. Fischer, 1994, 24,90 DM Nicht nur historische Aufnahmen (und Notizen dazu) über das Leben in der steirischen Provinz (siehe S. 64)

Christian Steeb, Die Schlösserstraße, Ein kulturhistorischer Reiseführer, Styria 1996, 248 ÖS Viele Bilder und lesbare Texte

Margret Sterneck, Steiermark , Polyglott Verlag, 1999, 14,90 DM Alles Wissenswerte präzise und bündig, gute Tourenvorschläge

Christoph Wagner, Lois Lammerhuber, Steirisches Himmelreich, Eine Landpartie in den Süden der Steiermark – Menschen, Weine, Landschaften, Brandstätter 1994, 136 DM Sorgfältig gemachte Liebhaberausgabe

Otmar Walitsch, Erlebnisradeln in der Süd-, West- und Ost- Steiermark, Stocker 1999, 27 DM Klar und übersichtlich; nur kleine Kartenskizzen, kein Ersatz für die Radkarte, aber Tipps

Wanderatlas Steiermark, Freytag & Berndt 1999, 28 DM Kartenwerk in handlichem Format

VERMERK

Für freundliche Unterstützung dankt die Redaktion besonders Reinhard Lamm in Ramsau.

BILDNACHWEIS

Anordnung im Layout: o = oben, u = unten, r = rechts, l = links, m = Mitte. Titel: Gregor Lengler; S. 3 l Tom Nagy, r G. Lengler; S. 6 o, lm Peter Rigaud, rm Gerhard Roth, lu Dorothea Schmid, ru G. Lengler; S. 7 Tina Hager; S. 8 m, lu G. Lengler, ru Rainer Hackenberg; S. 10 P. Rigaud; S. 12 lo G. Lengler, ro u Stefan Maria Rother; S. 14 bis 30 G. Lengler, S. 26 P. Rigaud; S. 32 bis 42 P. Rigaud; S. 52 bis 61 T. Hager; S. 58 o P. Rigaud, S. 64 bis 73 G. Roth; S. 76, 78 G. Lengler S. 79 Lois Lammerhuber; S. 8o bis 92 D. Schmid; S. 96, 99 Delpho/Wildlife, S. 98 M. Pellegrini/WWF Archiv/ Panda Photo; S. 100 bis 115 P. Rigaud: S. 120/121 Kurt Pinter; S. 122 Mercedes/Puch, Werk; S. 123, 124 Aleksandra Pawloff; S. 126 Reinhard Lamm/R & B Bildagentur; S. 129 Oliver Bolch, S. 134 G. Lengler, S. 135 P. Rigaud, S. 136 Oliver Bolch; S. 138 lo Andri Pol, ro Orion Press/Premium, m, lu Bavaria Bildagentur, ru Vincent Kohlbecher.
Karten: Computerkartographie Huber, München

IMPRESSUM

Gegründet 1948 im HOFFMANN UND CAMPE Verlag zu Hamburg
Herausgeber: Manfred Bissinger
Chefredakteur: Holger Schnitgerhans
Stellvertretende Chefredakteurin: Gesa Engelschall
Textchef: Otmar Jenner
Art Directorin: Andrea Hinrichs
Chef vom Dienst: Tibor M. Ridegh
Redakteure: Barbara Baumgartner, Kathrin Sander, Charlotte von Saurma, Helga Thiessen
Redakteur dieses Heftes: Tibor M. Ridegh
Redaktionsassistenz: Imke Edzard
Layout: Dorothee Schweizer (stellvertr. Art Directorin), Ingrid Koltermann, Cornelia Böhling, Katharina Holstein
Bildredaktion: Eva M. Ohms, Hanni Rapp
Kartographie und Schlussredaktion: Peter Münch, Jasmin Wolf
Verlagsleitung: Peter Rensmann
Objektleitung: Karsten Heyer
Herstellung: Heidrun Seven
Gesamt-Anzeigenleitung (verantw.): Roberto Sprengel
Anzeigenleitung: Christel Janssen
Anzeigenstruktur: Patricia Hoffnauer
Vertriebsleitung: Stefan Zastrutzki (Zeitschriftenhandel), Jan Wiesemann (Buchhandel)

MERIAN erscheint monatlich im JAHRESZEITEN-VERLAG GMBH, Poßmoorweg 5, 22301 Hamburg, Tel. 040/2717-0, Fax 040/2717-2056. Anschrift der Redaktion: Harvestehuder Weg 42, 20149 Hamburg, Postfach 130444, 20139 Hamburg, E-Mail: Redaktion@Merian.de · Tel. 040/44188-0 · Telefax: 44188-310 · Internet: www.merian.jalag.de · **Leserservice: Postfach 601540, 22215 Hamburg, Tel. 0180/5110110, Fax 040/27 17-2079** · Gültige Anzeigenpreisliste: Nr. 37 · Das vorliegende Heft Januar 2001 ist die 1. Nummer des 54. Jahrgangs · Diese Zeitschrift und die einzelnen Beiträge und Abbildungen sind urheberrechtlich geschützt. Jede Verwertung außerhalb der engen Grenzen des Urheberrechtsgesetzes bedarf der Zustimmung des Verlages · Keine Haftung für unverlangt eingesandte Manuskripte und Fotos · Preis im Abonnement monatlich 12,45 DM inklusive Zustellung frei Haus · Der Bezugspreis enthält 7 % Mehrwertsteuer · Kündigungen 6 Wochen zum Ende des Bezugsquartals · Postgirokonto Hamburg 299453-202 (BLZ 20010020) · Vereins- und Westbank AG, Hamburg, Konto-Nummer 2/16739 (BLZ 20030000) · Führen in Lesemappen nur mit Genehmigung des Verlages · Printed in Germany · Litho: Alphabeta Druckformdienst GmbH, Hamburg. Druck und Verarbeitung: Christian Heckel GmbH, Nürnberg.
ISBN: 3-7742-6601-8

MERIAN (USPS No. 011-458) is published monthly. The subscription price for the USA is $110 per annum. K.O.P.: German Language Publications, Inc., 153 South Dean Street, Englewood NJ 07631. Periodicals postage is paid at Englewood NJ 07631, and at additional mailing offices. Postmaster: send address changes to: MERIAN, German Language Publications, Inc., 153 South Dean Street, Englewood NJ 07631.

VORSCHAU | JAPAN

Tokio: Zweimal zerstört, zweimal neu aufgebaut, immer im Wandel
Nichts währt lange in einer Stadt, die ständig Zukunft spielt

DIE THEMEN: Sumo oder das Gewicht der dicken Stars • Tokio privat: Wohnen auf engstem Raum • Dein Freund, der Roboter • Kenzaburo Oe über Japans Wälder und Mythen • Volkssport Einkaufen • Kontakt ins Jenseits: Die Frauen vom Ozore-san • Manga, Welt der Märchen und Monster • Regisseur Takeshi Kitano im Interview

Heiß geliebte Entspannung: Vom Glück des Badens in vulkanischen Quellen

Kirschblüte am Heian-Schrein, Kyoto: Ein modernes Land pflegt seine Rituale

Stille, Reinheit, Achtung, Harmonie: Die Essenzen des Teezeremoniells

Die zuletzt erschienenen Ausgaben

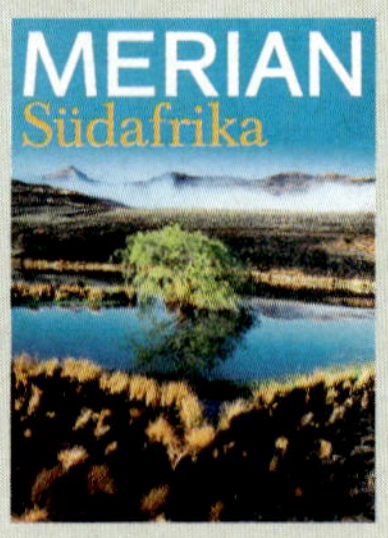

Die folgenden Ausgaben

Paris
USA: Die Südstaaten
Krakau